ロールシャッハ実践ガイド | 心理アセスメントの力を伸ばす

包括システムによる日本ロールシャッハ学会［監修］
包括システムによる日本ロールシャッハ学会認定資格委員会［編］

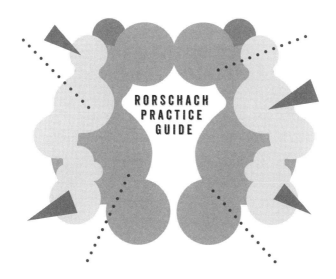

RORSCHACH
PRACTICE
GUIDE

金剛出版

はじめに

　「心理検査が上手くなるには，どうしたらいいですか？」といった質問を
ときどき受けることがある。検査は実施しているが，腕がメキメキとは上が
らないという。逆説的にきこえるかもしれないが，ある心理検査に関して，
そのことだけをやっていても，支援につながる有益な所見はもたらされない。
その検査をとりまくたくさんの知識と技術が必要で，その総合着地点が「所
見」になってくる。

　それでは，心理検査に関してあまり勉強しなくてもいいのか。そんなこと
はない。心理検査には，"正しい"データの整理方法や統計処理方法がある。
そもそも教示などの実施方法が違っていては，各人のデータを比較すること
もできなくなる。その検査で規定された"正しい"実施法等がある（本書
第4章p.51を参照のこと）。こういった基礎的なことを含め，包括システム
（Comprehensive System）によるロールシャッハ・テスト（以下，CSと略）
で自分の現状を確認するために，包括システムによる日本ロールシャッハ
学会（Japan Rorschach Society for the Comprehensive System：略称JRSC）
は，2015（平成27）年6月7日に「包括システムによるロールシャッハ・テ
スト認定資格」（Certificate of P ency in the Rorschach Comprehensive
System：略称CPCS）制度を　　た。その際の野田昌道会長の言葉を以下に
一部引用する。

　学会設立から20年　　を経　，CSはさまざまな領域，場面で用いられる
ようになりましたが，真に活用されたと言えるのは，CSが心理臨床の中で
適切に役立てられ，人々の精神保健や福利に貢献できた場合です。したがっ
て，CSを用いる者には，その基本的なことがらを理解し，習得しているこ

iii

とが求められます。本学会ではこれまでも研修活動に力を入れてきましたが，このたびはCPCSの制度を創設し，この課題に取り組んでいきます。

CPCSは，基礎的な施行法とコーディングを習得していることを示すレベル1（CPCS-1），基礎的な解釈を習得していることを示すレベル2（CPCS-2），CSの全体を総合的に教授可能なレベル3（CPCS-3）の3つで構成されている。

レベル1は基礎資格であり，2022年度末の段階で100名を超すロールシャッカーが資格を取得している。レベル2は，レベル1とは比較にならないくらいに実践的な内容になっており，必須の研修会A（2日間）の最後に実施される「理解度確認のための試験」に合格できる者は多くない現状がある。そのため，JRSCの会員からレベル2を中心としたテキストの希望がかねてよりあった。それに応じたのが本書である。

しかし，本書は単なる試験対策本ではない。検査所見，とくに所見に含まれる支援計画が，対象者やご家族などの周囲の方々に役立つことが肝心であり，JRSCの認定資格委員会をあげて，CSを用いている全国の心理職に向けて編集・執筆した。また，CSをこれから学ぼうと考えている方々や，自分自身は実施しないがCSに関心をもつ方々，大学院生や関係職種の方々も読者対象に想定して企画・編集した。なお，本書で登場する事例はすべて架空のものである。

本書を通じて，CSを用いた支援計画の基礎が確実なものとなり，支援の質のさらなる向上や教育・研究の活性化，ひいては社会貢献につながることを祈念している。

2023（令和5）年11月1日

包括システムによる日本ロールシャッハ学会
認定資格委員会を代表して

委員長　津川律子

目　次

はじめに iii

第1章　本書を手にとるみなさまへ 3

　　I．「V字ジャンプ」に誘われて　3

　　II．目を見張った施行法　4

　　III．包括システムのメガネで見えること　6

　　IV．新しい景色を見るために　8

　　V．フィードバックことはじめ　9

　　VI．データの力　11

　　VII．フィードバックまでの仕込み　12

　　VIII．フィードバックで何をしているのか　13

第2章　施行法 15

　　I．反応段階　16

　　II．質問段階　20

第3章　CPCSレベル1（単位Bコーディング）の過去問題と解説
　　.. 35

　　I．正しいコーディング　35

　　II．試験問題　37

　　III．正　解　41

Ⅳ. 解　説　41

第4章　ロールシャッハ解釈の基礎 ⋯⋯⋯⋯⋯⋯⋯⋯⋯⋯⋯⋯ 51

Ⅰ. 解釈の前に　51

Ⅱ. 解釈の手順　52

Ⅲ. 架空事例　60

第5章　ロールシャッハ・テストによる解釈の実践 ⋯⋯⋯⋯ 85

Ⅰ. 架空事例　85

Ⅱ. 試験問題と解答用紙（試験当時のもの）　91

Ⅲ. 問1〜3の正解　101

Ⅳ. 構造一覧表等　102

Ⅴ. 解釈の実践　105

Ⅵ. 合格者が作成した支援計画（実際の解答例）　112

第6章　めくるめくロールシャッハの世界──レジェンドに聞く！

⋯⋯⋯⋯⋯⋯⋯⋯⋯⋯⋯⋯⋯⋯⋯⋯⋯⋯⋯⋯⋯⋯⋯⋯⋯⋯⋯⋯ 117

1　エクスナー，そして包括システムとの出会い　117

2　JRSC設立の黎明期　124

3　JRSC会長としての時代を振り返る　127

4　包括システムの学びと魅力──査定から治療へ　129

5　包括システムと治療的アセスメントの相性　134

6　CS-R──包括システムの改訂に向けて　140

7　包括システムによるロールシャッハの未来──世界への発信　142

おわりに ……………………………………………………………………………… 149

索　引 ……………………………………………………………………………… 151

【コラム】実務家たちの個人史——ロールシャッハとの出会いと活用法

❶ロールシャッハって,やっぱりすごい！ …………………………………… 33

❷あきらめかけていた私が, できるようになるまでの道のり ……………… 50

❸クライエントの姿を立体的に描き出すために ………………………… 83

❹臨床力を育んだ包括システム ……………………………………………… 115

Rorschach Practice Guide

ロールシャッハ実践ガイド

心理アセスメントの力を伸ばす

第1章
本書を手にとる
みなさまへ

Ⅰ．「V字ジャンプ」に誘われて

「臨床的に有効だから。それ以外の理由は思いつかない……」。

本章を執筆するに当たり，私（渡邉）は「長年にわたり，どうして包括システムを使い続けているのだろう？」と繰り返し自問しました。その答えが冒頭の一文です。「臨床的に有効」とは，対象者を理解する上で有効という意味とその理解した内容をフィードバックする上で有効という意味を込めています。本章では，前半で私が対象者を理解する上での包括システムの有効さについて述べ，後半は村松先生にバトンタッチして，フィードバックする上での有効さを述べていただきます。

さて，私と包括システムとの出会いは，30年前に遡ります。私は今でこそ大学で教鞭をとっていますが，もとは矯正施設の心理技官として主に非行少年や犯罪者の心理的アセスメントを行っていました。30年前というと，ちょうど私が統括専門官という中間監督者になり，初めて施設の管理運営に関与したり，部下を指導したりする立場になった頃です。このうち，特に部下の指導に関しては，心理的アセスメントの技能がいま一つの私に，スーパーヴァイズを含めた部下の指導ができるだろうかと思い悩みました。そこで，部下を指導するためには，とりあえず自分のアセスメント技能を高めるしかないだろうと考え，外部の研修やワークショップの機会をうかがっていました。

そうしたところ，ある先輩から「ロールシャッハ・テストについて，スキーのV字ジャンプのように解釈の飛距離が伸びる方法が開発されました。その方法を開発したエクスナー博士のワークショップが日本で初めて開催されます。参加してみませんか」と誘われました。ロールシャッハ・テストは心理技官にとって必須のアセスメントツールです。なぜなら，非行少年や犯罪者の中には，殺人や放火，不同意性交等の凶悪事件を起こした者，凶悪な犯罪ではなくても，犯罪に及んだ心理的プロセスの理解が難しい者がおり，再犯防止に向けては，その心理機制を精密にアセスメントする必要があるからです。そのため，私も就職してから，先輩らに教わって片口法を学んでいました。しかし，出来の悪い私は，その奥義をなかなか習得することができず，ジャンプで言えば，いつも失速気味の解釈しかできませんでした。ということで，「V字ジャンプ」という殺し文句に誘われ，藁にもすがる思いで，エクスナー先生のワークショップへの参加を申し込んだわけです。

　こうして自分にも解釈の「V字ジャンプ」ができるようになるだろうかという期待と不安に胸を膨らませながら，1992年10月に小田原のアジアセンターで開催された，今や伝説と化しているエクスナー先生のワークショップに参加しました。

II. 目を見張った施行法

　小田原のワークショップに参加して，まず目を見張ったのは包括システムの施行法です。計時しない，対面で座らない，反応数が13以下の場合は，その場で再施行する，反応拒否を認めない等々。エクスナー先生は，これらはすべて利用可能なデータを収集するという観点からエビデンスに基づいてルール化したものだと強調されていました。それは，片口法を学んでいた私にとっても，非常に説得力ある言葉として響きました。特に，マルチタスクの苦手な私は，神経質に計時する必要はない，仮にショックという現象があったとしたら，それは他の証拠から把握することができるという説明を聞いて

肩の荷が下りたように感じたものです。

　また，対面で座らない（横に座る）という着座位置も画期的でした。保安を重視する矯正施設で対象者の横に座るというのは，私もそれを巡回時に目にする職員も抵抗があることです。そのため，その後，包括システムを使い始めてからは，必ず施行前に保安を担当している職員に，「今日はロールシャッハ・テストという心理検査を行います。私は対象者の横に座って実施しますが，保安には十分注意しますので，驚かないでください」と断りを入れました。そうした断りを入れる手間はかかりましたが，横に座って実施すると，対面の面接では何を聞いても「別に」とか「普通」としか答えなかった対象者が，ロールシャッハ・テストに集中して反応し，質問段階では，「ここが何で，ここが何で，何々に見えます。先生，見えませんか？」と自ら説明するなど，こちらに一歩近づいてくれたように思えることが度々ありました。おそらく矯正施設に入所するまでも入所してからも，対面で詰問されることが当たり前だった対象者にとって，職員と横並びに座って心理検査を行うというのは新鮮な体験だったに違いありません。

　さらに，検査者が反応拒否を許容せず，反応は出るものだという待ちの姿勢をとることで，反応拒否がなくなることも身をもって体験しました。これは，読者の皆さんの中にも「そう，そう」と頷かれる方がいるのではないかと思いますし，中村紀子先生の『ロールシャッハ・テスト講義Ⅱ──解釈篇』(2016) にも，辛抱強く待った後で重要な反応が出たという印象的なエピソードが紹介されています。とりわけ生い立ちの中で，ダメ出しばかりされてきた可能性のある非行少年や犯罪者に対して，検査者が簡単に反応拒否を認めることは，「やっぱり自分はダメなんだ」というネガティブな体験を再現するおそれがあります。そこで，「反応が出るまでいくらでも待ちますよ」という姿勢をとることは，ダメ出しをされた体験の再現を防ぐという意味でも大切なことではないでしょうか。そもそもロールシャッハ・テストは検査者と対象者の関係性に基づく心理検査です。包括システムの施行法は，このあと述べる対象者理解やフィードバックの前提となる関係性の構築，すなわち協働的な関係の構築にとっても有効だと思います。

Ⅲ．包括システムのメガネで
見えること

　期待していた解釈法は，期待にたがわぬもの，いや期待以上のものでした。エクスナー先生は涼しい顔で「解釈は鍵変数に基づくクラスター分析により行う」と解説を始めましたが，「鍵変数？　クラスター分析？　それって何？」と驚いたのは私だけではなかったはずです。包括システムについては，このワークショップの前までに『The Rorschach : A Comprehensive System Vol1. 2nd Ed.』(1986) が翻訳され，『現代ロールシャッハ・テスト体系［上巻・下巻・別巻]』(1991-1992) として出版されていました。その教科書により，エクスナー先生が実証研究に基づいてコードと解釈仮説を洗練させてきたことや，解釈は常に4本柱 (EB，EA，eb，ep（現在の es)) から始めることなどは知っていました。しかし，「鍵変数」や「クラスター分析」という用語は初耳だったのです。それだけに，エクスナー先生がすこぶる合理的で，初学者にもわかりやすい系統的な解釈戦略を確立されていたことに感嘆しました。そして，エクスナー先生の解釈戦略の説明と事例の解釈を聞くにつれ，これは学びやすく，誰でもトレーニングを積めば，「V字ジャンプ」までは行かなくとも，一定水準の所見を導けるようになるのではないかと，私はすっかり包括システムの虜になっていました。もちろん一定水準の所見を導けるようになるためには，適切な施行と正確なコーディング，クラスター分析を統合する力が必要で，一朝一夕にはいかないのですが，こうして包括システムに魅了された私は，施設に戻るとすぐにロールシャッハ・テストのメガネを片口法から包括システムにかけ替えました。

　包括システムのメガネにかけ替えて見ると，クラスター分析を通して，対象者が自分や他者をどのように見ているのか，そして，どのような世界を生きているのかを具体的に把握することができ，それが対象者のニーズに応じた処遇に資することを実感しました。これこそが包括システムの強みです。たとえば，非行少年や犯罪者には，対処力不全指標 (CDI) が陽性の者が少なくありません。ただ，同じ CDI 陽性でも，EA（課題解決に利用できる資質）

が低い者と，EAは比較的あるのに，対人交流が苦手な者とでは，必要な処遇は異なるはずです。また，面接では「別に」とか「普通」としか答えなかった者が，ハイラムダなのに警戒心過剰指標（HVI）が陽性であるとか，自己知覚において反射反応を出しながら自己中心性指標が低いとか，対人知覚において食物反応を出しながら貧質人間表象が多く全体人間反応も少ないなど，「別に」や「普通」と答える背景に，さまざまな矛盾や葛藤を抱えていることがわかることがよくあります。それにより，言いたいことがあっても，「別に」とか「普通」としか言えないような心の仕組みが見えてきて，どこから，どのように働きかけたらいいのかという見当をつけることができます。

　他方，自分でも言いたいことがわからず，「別に」とか「普通」としか言えない対象者がいることも確かです。前述のとおりCDIが陽性で，発達上の課題から社会不適応に陥っていることをうかがわせる者の中で，私が注目しているのは，中村紀子先生が提示した「つぶれ型」です。「つぶれ型」は，内向型，外拡型，不定型，そして，回避型のいずれにも該当せず，EAが4未満か，EBの左辺（人間運動反応（M））と右辺（重みづけられた色彩反応（WSumC））のいずれか，または両方が0というタイプです。こうしたタイプに出会ったら，以前であれば，単に防衛が強いのだろうとか，知的能力に制約があるのかもしれないと解して終わっていたと思います。しかし，中村紀子先生は「つぶれ型」について，「『強い感情経験』によって，自分の心理機能が停止していることを示しているので特に注意が必要です」と指摘しています。これは重要な指摘です。私は経験的に「つぶれ型」の問題行動の出方が児童期逆境体験（Adverse Childhood Experiences：ACEs）を背景にした問題行動の出方と近似していると感じています。児童期逆境体験とは，虐待や家族の機能不全を含む，児童期の自分の手には負えない逆境的な体験のことです。そうしたトラウマ的な体験に曝された子どもは，無力感や諦めにとらわれ，主体的に物事を考えたり，感じたりすることができなくなるでしょう。そうすると，ロールシャッハ・テストでは，人間運動反応や色彩反応を産出することが難しくなると考えられます。

Ⅳ. 新しい景色を見るために

　ここで，私が心理技官だった頃，殺人を犯して少年鑑別所に入所した少年にロールシャッハ・テストを実施したときのエピソードを紹介します。この少年は，人間運動反応も色彩反応もない「つぶれ型」でした。読者の皆さんは，殺人等の凶悪事件を起こした非行少年や犯罪者のロールシャッハ・テストは，さぞ劇的で攻撃的な反応が出るものと想像されるかもしれません。しかし，そうした反応を示す者は少なく，むしろこの少年のように「つぶれ型」を示す者の方が多いように思います。この少年にロールシャッハ・テストを実施したときも，私は拍子抜けしたような気持ちになり，何とか殺人の心理的プロセスを解明する鍵を見つけようと，すかさずあらかじめテストバッテリーに組み入れていた人物画を実施しました。そうしたところ，この少年は雪だるまのような人物を描いたのです。私の中では，この雪だるまのような人物と「つぶれ型」がつながり，「つぶれ型」とは，「社会に対して，手も足も出ない状態なのか」と妙に納得したことを覚えています。これでは，自分の言いたいことがわからず，面接で「別に」とか「普通」としか答えられなくて当然でしょう。ちなみに，この少年は幼少期から両親の体罰とネグレクトに曝され，アルバイト先で理不尽な命令を繰り返す上司を殺めたのでした。その後，対象者が「つぶれ型」を示したときは，生育歴に逆境的な体験がないかどうかを丁寧に調べるようになりました。つまり，「つぶれ型」が犯罪の免罪符になるわけではありませんが，トラウマ・インフォームドな視点の必要性を認識させてくれたということです。

　中村紀子先生は『こころを使うということ』（2020）の「第3講 見えないこころを可視化する」で，包括システムによる理解を「クライエントの目玉を乗っ取る」と表現しています。残念ながら，私は中村紀子先生のように対象者の目玉を乗っ取ることができる境地にまでは達していません。しかし，前述のような包括システムによる対象者理解の有効さを考えると，今後もこのメガネの精度を磨くことで，老眼になった私でも，対象者の内面にある新しい景色を見ることができるのではないかと楽しみにしています。（渡邉 悟）

Ｖ．フィードバックことはじめ

　前述の「伝説と化している小田原ワークショップ」について，折に触れ諸先輩方から聞くにつけ，参加できた方を羨ましく思う人は少なくないと思います。私（村松）も参加できなかった世代の一人です。その小田原ワークショップの2年後の1994年に包括システムによる日本ロールシャッハ学会（略称：JRSC）が発足し，2000年代に入り，日本で包括システムが広がっていくのと時期を同じくして，フィードバックという言葉も広がっていったようです。

　私が学部や大学院で学んでいた当時は，"心理検査の結果を受検者にフィードバックする"，という発想はほとんどなかったと思います。私が初めて臨床経験を積んだ病院でも，そのようなことをしている人はいませんでした。当時は心理検査を実施して検査をオーダーした医師向けに，検査所見をカルテに記載するに留まっていました。その頃を思い返すと，検査所見を書いている先に，患者さんの姿も，オーダーした医師の姿も見えていませんでした。要するに，医師が何を知りたいのかさえ詳細に知ることなく，検査結果と処方箋やカルテの記録だけを睨んで所見を書いていたという状況でした。また，自身が心理療法を担当している，またはするかもしれない患者さんに心理検査を実施したとしても直接その結果を伝えることはしていませんでした。病院の心理の先輩方も然りだったので，そういうものなのだ，としか思っていませんでした。その一方で当時20代だった私は，「何のために，誰のために心理検査をやっているのだろう？」という疑問，特にロールシャッハ・テストのようなパーソナリティ検査については，「この検査をしたところで，心理療法を重ねる上で得られる情報以上の何が得られているのだろうか？」というぼんやりとした疑問を抱えながら仕事をこなしていました。その頃の私の頭の中では，心理検査と心理療法は種類の異なるタスクとして位置づけられていたように思います。

　当時お世話になっていた精神科病院に，新しいもの好きの副院長先生がいました。その先生は，最新の英語論文をよく読んでおられて，あるとき，「新

しいロールシャッハ・テストを見つけたんだけど，エビデンスに基づいていてよさそうだよ。日本でも紹介されているみたいだけれど……」と私に包括システムの存在を教えてくれました。先述したとおり，心理検査に対してぼんやりとした疑問をもっていた私は，その副院長からの一言で，中村紀子先生の包括システム基礎講座を申し込みました。そしてまず，実験により検証されたデータに心を掴まれました。その後，さまざまな研修会やスーパーヴィジョンに参加し，包括システムが心理学モデルに基づいていて，病理を見つけるのではなく，その人の強みに焦点を当てるという視点に胸が高鳴りました。初めて基礎講座に参加したときのノートを手繰ってみると，「一般の人とどういう部分で異なる部分があり，どういう部分が一致しているか」というメモに波線を引いていました。それまで鑑別診断に引きずられていた私は，病気／病気でない，という二者択一の思考になっていました。

　私は大学院生のときに，児童精神科病棟で研修をしていて，最初に就職したのが小児科でした。小児神経科では，発達障害だけでなく，染色体異常のお子さんや肢体不自由児もたくさん来院していました。生まれたときから他の人とは違うものをもっていたとしても，その子にとっては，それがスタンダードであり，それを病気や障害と考えるより，その状態にうまく適応することを考える方がより自然でした。ですので，その子のもっている力を最大限に伸ばすためには，どのようなサポートや補助器具があれば，生活しにくい不具合さを少しでも具合よくできるか，という視点がその職場では普通でした。さらに子どもたちからも多くを学ばせてもらいました。そうした背景もあり，発達促進的な視点と包括システムが私の中で気持ちよくはまっていきました。そして，自ずと心理検査をしたら，その結果について患者さんやその家族と話し合って，その後の心理療法につなげ，さらにはリ・テストを実施して心理療法の進捗状況を確認するようになっていきました。こうして，包括システムを中心としたフィードバックを学ぶことで，私の頭の中で異なるタスクとして分類されていた心理検査と心理療法が一つの流れとして位置づけられるようになっていきました。

VI. データの力

　フィードバックは，まさにデータを介したクライエントとの話し合いの協働作業です。構造一覧表という地図の上を「あっちかな，こっちかな」と，一緒にうろうろしながら，話し合っているイメージです。その地図の上で，2人で一緒に同じ道が見えたその瞬間，クライエントの中に変化が起きていると感じます。そのときにはクライエント自身もさることながら，クライエントと検査者との関係性も変化しています。そしてフィードバック自体がセラピューティックに流れていきます。以前，学会のニューズレターに津川律子先生が書いておられたように，「フィードバックは心理療法そのもの」であり，フィードバックは心理療法のセットアップにとても重要な役割を果たします。

　ここで，とても印象に残っているフィードバック事例について共有させてもらいます。彼女は小学3年生頃から，通学途中，お稽古ごとの最中など，日常のあらゆる場面でバタンバタンと倒れていました。断続的に不登校を繰り返し，教育相談機関と医療機関にかかっていました。医療機関では，「身体表現性障害」として加療されていました。彼女が中学生だったときの主治医から心理検査の依頼があり，私が担当することになりました。彼女は身長がスラッと高く，クールな表情で大人びた印象の中学生でした。彼女にはこれまでにもいくつかの心理検査を受けてきた経験がありましたが，ロールシャッハ・テストは初めてでした。

　フィードバックでは，データを一緒に見ながら話をしていきました。HVIが陽性であるという話題から始め，Zf = 17（R = 40）なのに，Zd = − 6.0であるということは，こんなことが考えられるんだけど，どうかな？　という感じで，彼女に振ると，前のめりになってデータをじっと見て，いろいろなことを教えてくれました。特に興味深かったのは，「自分の中にスイッチがあって，家の外では，全開スイッチをオンにしている。力尽きると倒れる。そうやって倒れちゃうと，後でとても疲れるので，自分でヤバいなと思うと，実はわざと倒れることもあるんだ」という秘密まで教えてくれたことでした。そして，彼女が自発的に見つけた『全開スイッチ』という言葉をキーワード

に，倒れるバロメーターについて，データと照らし合わせながら話し合いました。どの数字を減らしたり増やしたりすればいいか，そのためにはどんな工夫があるといいかなど，いくつかのアイディアを出し合う作戦会議は静かに盛り上がっていきました。これまでの相談機関や医療機関では，彼女が発言するということはほぼなく，いつもお母様が通訳のように付いていたそうです。フィードバックのときも隣に座っておられましたが，お母様は「この子がこんなに喋るなんて初めてです！」と大変驚いておられました。

　私はこのとき，「データの力」を改めて実感しました。同じデータを共同注視することで視点の三角関係ができます。彼女が滑らかに自分のことを語ってくれたのは，この構図があったからです。彼女にとって，データを介した話し合いの場は，今までわかってもらえなかったことが「わかってもらえた」と体験する場となり，自分自身のこともわかった体験の場となりました。その2つの体験が相まって，発達促進的な促しとなり，彼女が主体的に作戦を考えていくプロセスになりました。2人で宝探しをしている感覚でもあり，何かを見つけると彼女がエンパワーされたと同時に私の方も同じくエンパワーされて，一緒に盛り上がっていく感じがありました。彼女はその後，倒れることはほとんどなくなりました。

　彼女は私とのセラピーを終えるとき，「今まで診断はついていたけれど，倒れ続けていた。診察で聞かれたことについて答えても，カウンセリングで絵を描いたりしても意味がないので，そのうち話をしなくなった。あのテスト，もっと心理の人に広めるべきだと思います」という言葉を贈ってくれました。その言葉が，今の私の仕事への原動力の一つになっていることは言うまでもありません。

Ⅶ．フィードバックまでの仕込み

　フィードバックセッションがうまくいくためには何が必要なのか，改めて振り返ってみました。かつて心理の先輩から，「あなたがこの患者さんにつ

いて何もわからないからといって，やみくもに心理検査をやっても，結局何もわからないよ」と言われたことがありました。そのときは何を言われているのかよく理解できていませんでしたが，包括システムやフィードバックについて学んでいく中で，その意味がわかるようになりました。クライエントにこれまでどのようなことに困っていたり，うまくいっていないと感じていたりするかについて話してもらい，人によってはそれがどうなるといいと思っているかまで聞いてから，心理検査を行うことが大切だということです。これはフィードバックをするときにも大事な要となります。

　要するにフィードバックでクライエントと一緒に作業を進めるためには，あらかじめ畑を耕しておくような仕込みの作業が重要です。どのような作物を作りたいのか，これまでなぜ思ったような花が咲かなかったのか，何がわかれば，今度は思ったような花を咲かせることができそうなのか……などをじっくりと聞いておいて，それに合うような土壌を見つけて耕しておきます。やみくもに掘るのではなく，当たりをつけてその周辺を耕しておくようなイメージです。あらかじめ聞いておいた情報を基に，ここかな，あそこかな，どこかな，ここは聞いてみないとわからないな，という感じです。

　この仕込みにより，心理検査の所見を書くとき，明確な相手の姿をイメージしながら，その人が知りたいことに合わせて伝えたいことを書くことができる下地ができます。

Ⅷ．フィードバックで何をしているのか

　クライエントと一緒に行うフィードバックの作業を一言でまとめる言葉を探していたら，『紡ぐ』という動詞が私の中でピッタリとはまりました。

　私たちはデータという縦糸を準備します。そこにクライエントとディスカッションしながら，さまざまな色，太さ，質感の横糸を一緒に紡いでいくイメージです。フィードバックの作業は水モノで，こちらが想定した糸ではうまく織り込めないことも多々あります。そのようなときは，その場で糸の向きや

種類を変えながら一緒にあれやこれやと試行錯誤しながら紡いでいきます。この作業には緊張感も伴いますが，時として心が動く瞬間でもあります。そうして紡がれた仕上がり感や模様も楽しみです。適度に織り込まれた織物を元に，フィードバック後もクライエントが一人で織り進めることもあるでしょう。また，使い込むほどに柔らかくなっていく帯のように，フィードバックで紡いだ生地を自分にフィットする感じに馴染ませていく人もいます。このように，フィードバックではその後も長く使える生地を，一緒に糸を紡いで作り上げていく作業のように思います。　　　　　　　　　　　　　　（村松朋子）

　さて，包括システムやそのフィードバックは，日本では主に医療領域や司法・矯正領域で発展してきました。今後，教育領域，福祉領域，産業領域など領域を超えた広がりの可能性を秘めています。

　次章以降では，CPCSレベル1単位Cで教授している施行法（第2章），レベル1単位Bで実施しているコーディングに関する試験問題（第3章），レベル2A研修で教授している解釈の基礎（第4章），レベル2B研修の試験問題に基づく解釈の実践（第5章）について解説し，最後に包括システムの第一人者である中村紀子先生へのインタビュー（第6章）を掲載します。それらを通して，包括システムの醍醐味を味わい，単なるCPCSの試験対策ではなく，日常の心理臨床実践に役立てていただければ幸いです。

文献

Exner JE (1986)：The Rorschach：A Comprehensive System Vol1. 2nd Ed. (高橋雅春，田中富士夫，高橋依子 監訳 (1991) 現代ロールシャッハ・テスト体系 上巻.金剛出版.／秋谷たつ子，小川俊樹，空井健三 監訳 (1991)：現代ロールシャッハ・テスト体系 下巻.金剛出版.／小川俊樹 監訳，中村紀子，野坂三保子 訳 (1992)：現代ロールシャッハ・テスト体系 別巻──ロールシャッハ・テストワークブック.金剛出版.)
中村紀子 (2016)：ロールシャッハ・テスト講義II──解釈編.金剛出版.
中村紀子 (2020)：第3講 見えないこころを可視化する──治療的アセスメントによるケース理解.藤山直樹，笠井清登 編：こころを使うということ.岩崎学術出版社.

第2章
施行法

　ロールシャッハは対人関係を含むテストであり，とりわけその施行法は重要である。包括システムで作法として決まっているさまざまな手続きについて本章で触れるが，迷ったり，わからなくなったりしたときには『ロールシャッハ・テスト──包括システムの基礎と解釈の原理』（Exner, 2003/2009）の第4章「ロールシャッハの施行」で確認することをお勧めする。

　本章では，とくにExner（2003/2009）が「アキレス腱」と呼んだ質問段階を中心に施行法を解説する。10枚の図版を提示し，"何に見えるか"を対象者が自由に発話した部分を「反応段階」[注1]と呼び，その後に，最初の図版に戻り，反応を一つずつ振り返り，（1）図版のどこにその反応を見たのか（反応領域），（2）図版のどんな手がかりからその反応を見たのか（決定因子），（3）図版に何を見たのか（反応内容）などを特定する部分を「質問段階」と呼ぶ。検査者が記号化[注2]に必要な情報を得るために，誘導にならないように確認することは容易ではない。Lis et al.（2007）は，質問段階がテストの結果に劇的な影響を与えることを実証し，イタリア人の基準サンプル作りを検査者の訓練からやり直したことを報告している。

　検査者と対象者の座る位置だけでなく，質問の仕方いかんでもロールシャッハ・テストの反応は変化するため，正しい施行法を知ることが重要である。検査者の不適切な質問によって，誤って引き出されてしまった反応に基づく

［注1］「自由反応段階」ではない。
［注2］記号化は，コード化と同じ意味である。

コードは，テスト結果の解釈所見をも歪ませることになる。確認不足のためコードを特定できなかった場合も，解釈所見に疑義が生じうる。質問段階のノウハウを学習し，スキルを向上させることが望まれる。

I. 反応段階

1　事前の準備

　静かな環境を整え，時間的な余裕があった方がよい。ロールシャッハ図版と筆記用具，記録用紙とロケーションシート（10枚の図版が縮小されて1枚にまとめられた用紙）を用意する。図版は正しい向きに揃えて，裏返した状態で，図版Ⅰが一番上にくるように正しい順番で積み上げて置く。また，図版は検査者にはすぐ手が届くが，対象者の手には届かないところにおく。ロケーションシートは，反応段階の途中で対象者の目に触れないようにしておく。同様に，図版カバーに10枚の図版が縮小印刷されている場合には，対象者に見えないように図版を取り出す。

2　座る位置

　対象者の正面に検査者が座った場合，検査者の表情やしぐさなどが，ロールシャッハ・テストの反応に影響を与えることが実証されている（Exner, Leura & George, 1976）。決して，対面では座らない。たとえば，検査者が右利きの場合，対象者の右側に座り，膝一つ分ほどやや後方に下がって施行することを勧める。そうすると図版を見ている対象者の視界から検査者が外れる。

3　導　入

　包括システムに限らず，臨床心理検査は，始める前に対象者が検査目的をどのように理解しているのか確認し，適切に共有できるよう努める。
　そして，受検歴等を確認する。「これから行うのは，ロールシャッハ・テ

ストといいます。今までに聞いたことや受けたことがありますか？」。対象者が何かを知っているようであれば，それについて簡潔に尋ねる。対象者がもっている間違った印象を正すことが必要になることもある。特に，想像力が検査されると思い込んでいる場合などである。また，対象者が以前にこの検査を受けたことがある場合は，いつ，どこで受けたのか等を明らかにして，そのことについて対象者が何を覚えているかも尋ねることが大切である。

4　教　示

「ここに10枚の図版（カード）があります。今からお見せしますので，それが何に見えるかを私に教えてください」

「これは何に見えますか？」（What might this be?）

という教示は絶対に変えてはならない。

5　反応段階の記録

図版の番号（Ⅰ～Ⅹ）と，反応の番号（通し番号），図版の向き（∧∨＜＞）を記入する。記録は対象者が言ったことを，言ったとおりに逐語で記録する。標準的な施行法では計時の必要はない。しかし，どれ位の時間をかけて反応したのかがわかると，対象者理解の参考になることもある。部屋にある時計を見るなどして，およそ1分毎にpauseなどと記録に残しておくと，トータルで何分位かけて反応したかがわかる。このように，対象者のテンポや滞りを記録に残しておくとよい。

また，ロールシャッハ・テストに限らないが，じっと図版を見て長く考えている場合や，落ち着かず図版に集中できず，いっこうに反応しない場合など，行動観察を記録しておくことは重要である。

6　促しが必要な場合

図版Ⅰで，1つしか反応しなかった場合，「ゆっくりご覧になってください。他にもいくつか見えると思いますよ」と促す。その後，図版Ⅱ，図版Ⅲ，図版Ⅳで反応が1つずつしかなかった場合は，「ちょっと待ってください。あ

わてなくていいですよ。急いでいませんから。ゆっくりやりましょう」ともう一度励ます。それ以外では促しをしない。

7　反応を拒否された場合

「ゆっくりご覧になってください。急ぎませんから」などと励ます。拒否は簡単に許容しない方がよい。多く反応すればするほど報酬を与える実験では，大人も子どもも80～100程度，抑うつ状態にある人でさえ50程度の反応があったとされる（Exner, Armbruster & Mittman, 1978）。反応拒否は「見えない」ではなく，「見えているけれど言わない」もしくは「言えない」と考えられる。この場合，対象者との協力関係について点検することが大切である。適切な関係が築かれているのならば，励ましをしながらじっくり待つ。

8　反応数が13以下だった場合

反応数が13以下の場合，自殺の可能性などを判断できなくなる上，再検査信頼性も低下することから，再施行を行う。

「さて，やり方はわかっていただけたと思います。でもひとつ問題があるのです。お答えが少なくて結果から十分なことが言えないのです。もう一度最初からやっていきますので，今度はさっきよりも多く答えていただきたいのです。さっきと同じものを答えていただいてもかまいませんが，今度はさっきよりも多く答えてほしいのです」。

反応数が13以下の最初のプロトコルと，再施行後のプロトコルを合わせて一つにしてはならない。ゼロからの再スタートとなる。その理由のひとつとして，たとえば，最初の反応は図版全体の領域を使用し，2番目の反応は比較的大きな部分を使い，3番目の反応は小さな部分を使用する（W→D→Dd）という順序で，各図版を規則的に答える人が多い。稀に，（Dd→W→Dd→W）などのように，不規則な反応を出す人もいる。このような反応領域のアプローチのパターンは，対象者の特性を知るための情報源の1つとなり，支援計画に活用される。しかし，新・旧のプロトコルを合成すると，領域の継列に関して誤った情報が残ってしまうことになる。

9 反応数が多すぎる場合

　図版Ⅰですでに5個の反応をした後，まだ他に反応をしそうな場合には，「いいですよ，次に行きましょう」と伝えて図版を受け取り，次の図版を渡す。この介入は，図版Ⅱ以降にも5個の反応をした後，さらに反応をしそうな場合には続ける。どこかの図版で自ら5個以下の反応で終えた場合には，そんなにたくさんの反応をしなくてもいいことを間接的に学んだとみなして，その図版以降にはこの介入を中止する。それにもかかわらず，その後の別の図版で6個以上の反応をする場合はあるが，一度中止したこの介入は再開しない。

　ただし，最初の3枚の図版では4個以下の反応しかしなかった人が，図版Ⅳになって反応が増えて6個以上になった場合，次の図版Ⅴの反応の数によってはこの介入の手続きを始める。つまり，図版Ⅳにおいて反応数が6個以上になり，図版Ⅴで5個の反応をした後さらに別の反応を述べそうになったら，この図版Ⅴから，「いいですよ，次に行きましょう」と言って図版を受け取り，次の図版Ⅵを渡すという介入を開始する。そして，その後の図版で，5個以下の反応にならない限りこの介入を続ける。

10 反応段階についてのQ&Aの例

【Q1】図版を受け取らない場合
【A1】その行動を記録に残し，「どうぞ，手に取って見ていただけますか」

【Q2】「いくつ見たらいいんですか？」
【A2】「たいていは1つより多く見えます」や「たいてい，いくつか見えるようです」

【Q3】「図版はこの向きで見るんですか？」や「回してもいいんですか？」
【A3】「どうぞご自由に」

【Q4】「ただのインクのシミですが」

【A4】「これが何に見えるかを教えていただきたいのです」

【Q5】「この絵を見て，想像したことを言えばいいですか？」
【A5】「これが何に見えるかを教えてください」

【Q6】「全体を見て答えた方がいいですか？」
【A6】「どうぞご自由に」

【Q7】「見えたものすべてを言った方がいいですか？」
【A7】「どうぞご自由に」

II. 質問段階

1 質問段階の教示

　「さて，もう一度最初から図版を見ていきます。答えてくださったものを私もちゃんと同じように見ているか確かめたいのです。これから一つずつ読み上げますから，それがこの図版のどこに見えて，どこからそう見えたのかを教えてください。私もあなたと同じように見たいのです。よろしいですか？」

　「では1枚目から始めましょう」

　「（※）とおっしゃいましたが，どう見たらいいのか教えてください」

　※は，対象者の反応をそのまま逐語で繰り返す。

2 質問段階の基本的な質問

　「あなたと同じように見えているかわからないので，教えてもらえますか」

　「どう見たらいいのか教えてください」

　「どこからそう見えたのか，私も同じように見たいので，教えてください」

　「〜はわかりました。それ以外はこの図版でどう見たらいいですか」

質問段階の基本のスタンスは"Help me"である。また，「はい・いいえ」で答えられるような閉じた質問にならないように注意する必要がある。

3 キーワードに基づいた質問

対象者がまだ言語化していない決定因子が存在している可能性を示唆する言葉を，包括システムでは"キーワード"と呼んでいる。「向き合っている」などの動詞のほか，「血，毛皮，パーティー，夜」などの名詞，「きれいな，汚い，明るい，こんもりした」といった形容詞の場合もあり，さまざまな形でキーワードは現れる。代表的な決定因子のキーワードは以下のとおりだが，これは一部に過ぎないため，類推されたい[注3]。

(1) 色彩　FC　CF　C　Cn……きれいな　明るい　派手な　楽しい　紅葉した　絵の具　花火　血　火　水　パーティー　人魂　など

(2) 無彩色　FC'　C'F　C'……暗い　明るい　光っている　汚い　悪いくらやみ　夜　墨　影　悪人　煙　雲　など

(3) 材質　FT　TF　T……柔らかい　ざらざらした　滑らかな　濡れたふわふわした　もこもこした　ぶよぶよした　つるつるした　冷たい毛皮　など

(4) 濃淡立体　FV　VF　V……高くなっている　折り重なっている　折れ曲がっている　めくれている　でこぼこした　透けて　しわが寄っている深い谷　溝　折り目　へこんでいる　後ろにある　丸みがある　など

(5) 濃淡拡散　FY　YF　Y……明るい　暗い　濃い　薄い　混ざっているにごっている　ぼかし　模様　煙　雲　霧　茂み　など

(6) 形態立体　FD……見上げる　下から出ている　めくれている　近づいてくる　隠れている　向こうに　重なって　前に　後ろに　奥に　遠くに　見下ろしている　など

(7) ペア（2）……たくさん　何人も　○○たち　など

[注3] たとえば「暗い」は，C'なのかYなのかというキーワードである。

4　キーワードについて質問するかどうかの2つの判断基準

　前述のようなキーワードが対象者の反応の中に含まれていた場合，検査者は，決定因子のコードを特定するために，これらを見落とさずに確認する必要がある。キーワードがなければ質問の必要はなく，むしろ不適切になる場合が多い。以下に，適切な質問の例と，不適切な例を示す。

　なお，Sは対象者を意味し，Eは検査者を意味する。検査者の質問の中で『　』で示した部分は，対象者の反応をそのまま繰り返したことを意味する。

　コードが確定したら質問をやめるのが原則である。

【例1】

S：（反応段階）コウモリ

E：『コウモリ』とおっしゃいましたが，どう見たらいいのか教えてください。

S：これ全体で。羽で，頭で，胴体。気味の悪いコウモリ。

E：『気味の悪いコウモリ』というのはどう見たらいいですか？

S：黒くて，洞窟とかにいそう。

Wo　FC'o　A　P　ZW

➡この段階で，コードが確定するため，質問を終了する。

【例2】

S：（反応段階）気味の悪いコウモリ

E：『気味の悪いコウモリ』とおっしゃいましたが，どう見たらいいのか教えてください。

S：これ全体で。羽で，頭で，胴体。

E：『気味の悪い』というのはどう見たんですか。

S：うーん，なんとなく。コウモリにはそういうイメージをもっていて。

Wo　Fo　A　P　ZW

➡この段階で，コードが確定するため，質問を終了する。以下の質問は不要であり，質問過多の例である。

E：『そういうイメージ？』

S：ええと，怖い感じかな。

E：『怖い感じ？』

S：これを見ると，あっ，ここに爪があるから，何かを襲っているところ。あと，そうですね，黒っていうのもあるかもしれない。

➡ キーワードを追いかけ過ぎた結果，図版をどう見たのかという説明から離れて，対象者が普段コウモリに抱いているイメージを語り，さらに，つじつまを合わせるために，最初の反応段階で知覚したものとは異なる内容を引き出している可能性が高くなる。

　次章でも説明するが，包括システムのコーディングには二大ルールがある。その一つが，<u>最初に図版を見たときの反応に表されているプロセスだけをコーディングする</u>という点である。検査者の不用意な質問で引き出されてしまった反応はコードすべきではなく，迷った場合には反応段階の反応に戻ることが重要である。また，二番目のルールは，<u>反応に出現するすべての要素がコーディングに含まれていなければならない</u>，という点である。1つの反応に含まれているキーワードは，1つだけとは限らない。2つ，3つの複数のキーワードが含まれていたのに，検査後に聞き忘れていたことに気づき，コードが特定できないという事態は避けたい。対象者の反応段階の発話はすべて逐語記録し，次の反応の確認へと進む前に，キーワードの見落としがないか，落ち着いて確認する。

　では，どういうときにキーワードとみなし，どういうときにキーワードとみなさないのか。それは次の2つの判断基準によって決定する。

（1）最初の反応段階の中に出てきた場合
（2）質問段階の最初から自発的に述べられた場合（ただし，その特徴が最初から反応に含まれていた蓋然性が高いことが条件）

【例3】

E：『コウモリ』とおっしゃいましたが，どう見たらいいのか教えてください。

S：これ全体で。羽で，頭で，胴体。ああ，<u>今見ると</u>，なんか気味が悪いですね，この絵。

Wo　Fo　A　P　ZW

➡『気味が悪い』という言葉は例1と同じだが，『今見ると』と述べており，基準2の但し書き（その特徴が反応の最初から含まれていた蓋然性が高い）をクリアしないため，キーワードにはならない。

5　不適切な質問段階の具体例

　気を付けるべき点（やってはいけないこと，しなくてはいけないこと）を理解しておく必要がある。キーワード以外にも留意すべき点がある。いくつか例を示す。

【例4】質問不足

E：『コウモリ』とおっしゃいましたが，どう見たらいいのか教えてください。

S：全体で見て。頭で，胴体で，羽。<u>黒っぽいですね。</u>

➡『黒っぽい』が黒色を意味しているのか，それとも明暗の特徴を示しているのか，まだはっきりしていない。したがって『黒っぽい』はキーワードになるので，質問を続ける。

E：『黒っぽい』というのはどう見ればいいですか？

S：夕暮れ時に見かけるコウモリ。全体がコウモリなんだけど，夕日のせいでこの辺，羽の一部がちょっと明るくなったりしていて。

➡FYをコードする。

質問不足の背景には，以下の点が考えられる。

（1）コードについての知識が不十分。

（2）キーワードに気づかない。

（3）早わかり，思い込み　（例：無彩色を使っているはずだから聞かなくて

もいいだろう）。

(4) 検査者側の焦り。時間がない，疲れ，イラつき，気後れ，空腹等。(1)
〜(3) とは別に，施行する部屋や時間帯などの環境を整えることも重
要である。

【例5】質問過多

E：『コウモリ』とおっしゃいましたが，どう見たらいいのか教えてください。

S：全体で見て。頭で，胴体で，羽。

Wo Fo A P ZW

➡️ 『全体で見て』と述べており，この段階で，コードが確定するため，質問
を終了する。

以下の質問は不要であり，質問過多の例である。

E：どこを見たらいいか，指で囲ってもらえますか？

S：こんな感じで。ここは入れないで。

➡️ 余計な質問により，反応領域のコードが全体反応から特殊部分反応
（W→Dd99）へと変化している。

質問過多の背景には，以下の点が考えられる。

(1) すでにコード可能ということに気づいていない。

(2) キーワード以外の質問をする。

(3) 決めつけ，思い込み（例：濃淡を見ているはずだから，質問すれば出て
くるはずだ）。

(4) 検査者側の不安。

【例6】直接的な質問と限界吟味

次のような質問は不適切である。「色からそう見えたのですか？」，「濃淡
がなくてもそう見えますか？」，「その人たちは何かしているようですか？」，
「どうして悲しんでいるのだと思いますか？」，「毛皮の裏ですか表ですか？」
などである。

また，包括システムでは再検査（リテスト）への悪影響を考慮して，検査終了後，図版Ⅳの毛皮が，濃淡材質反応であるか否かを直接確認したりはしない。つまり，通常のケースでは限界吟味を行わない。ただし，「平凡反応」に限っては，一回しか検査を実施しないことが確実な場合や，精神鑑定などで平凡反応が1つもない場合に限界吟味を行う。これに関しては，領域を教えずに対象者に図版Ⅲ（またはⅧ）を見せて，「人によっては，人間（Ⅷなら動物）を見るのですが，そのようなものが見えますか」と尋ねる（Exner, 2003/2009）。

【例7】「ほかには？」

E：『コウモリ』とおっしゃいましたが，どう見たらいいのか教えてください。
S：全体で見て。頭で，胴体で，羽。
Wo　Fo　A　P　ZW
➡これで十分にコードできるので，これ以上の質問は不要。
E：ほかには？　→不適切
S：えっ？　そうですねえ，黒いですし。
➡余計な質問により，決定因子がFからFC'へと変化してしまっている。

【例8】「〜らしさは？」（質問の語尾の省略）

E：『クマ』らしさは？　→不適切
S：そういえば，クマってどういう生き物だったかな，冬眠する動物だったかな。
➡クマについて考え始めて，最初に図版を見たときに生じたクマの反応からどんどん離れていく。検査の終盤になれば，図版に見えたものを答えるという趣旨が伝わっているので，言わずもがなになることはままあり，質問の語尾を省略することはあるが，当初はできるだけ趣旨が伝わるように省略せずに，「この図版で，クマに見えたのを，私にもわかるように教えてください」と語尾まできちんと言うことが推奨される。

【例9】「もっと詳しく教えて?」「特徴は?」

E:『コウモリ』とおっしゃいましたが，どう見たらいいのか教えてください。

S:全体で見て，頭で，胴体で，羽。

E:コウモリについて，もっと詳しく教えてください。コウモリの特徴は？
　→不適切

S:ええと，コウモリというのは哺乳類で，前足の部分が羽根に進化した
　……。

➡ロールシャッハ図版から離れて，コウモリについての知識を語り始めてい
　る。「もっと詳しく」という指示を出したり，「特徴は？」と聞いたりする
　と，最初の反応段階では見えていなかった図版の特徴に注目したり，改め
　て考え直して説明を付け加えたりするおそれがある。

【例10】「連想した理由を教えて?」「なぜそう見えたんですか?」

E:『赤い靴』を連想された理由を教えてください。→不適切

S:子どもの頃，赤い靴をはいていた女の子という歌が大好きだったからだ
　と思います。

E:『赤い靴』は，なぜそう見えたんですか？　→不適切

➡「連想した理由」を聞く質問は，想像力をフルに発揮することを誘発しか
　ねない。また，質問は原則として「Why」ではなく，「How」を尋ねる。「連
　想」や「なぜ」などのフレーズを含む質問をしてはいけない。

【例11-1】「男女?」

S:全体で見て，2人が一緒に踊っています。

➡これで十分であり，これ以上の質問は不要。

E:それは男女ですか？　→不適切

S:ええと……，そうですね。女のこれは胸で，男のこれは洋服が……。

➡余計な質問により，2人を区別してしまっている。このような余計な質問
　で反応が変化していることが後で明白になる場合，不適切な質問の前まで
　の発話を採用し，ペア反応をコードする（記録に際しては，検査者の非定

型的な質問を逐語的に残すことが望ましい。後からミスに気づき，訂正する余地が生まれる）。

【例11-2】「1人ですか？　2人ですか？」
E：『人が踊っている』とおっしゃいましたが。
S：ええ，これが頭で，これが足です（片方しか指さない）
E：こっちは？　→**不適切**
E：1人ですか？　2人ですか？　→**不適切**
E：図版の全部を使いましたか？　→**不適切**
➡いずれもペア反応の構えを対象者に与えてしまい，以降の図版で自発的にペア反応に言及するようになりかねない。
E：どこに人が見えたのか教えてください。→**適切**
S：ここが人で，頭です（片方しか指さない）。
➡これで十分であり，これ以上の質問は不要。Wとせず，ペア反応としない。

【例12-1】「ここは（使っているの）？」
E：『ネコの顔』とおっしゃいましたが。
S：ええ，耳で，丸顔なので，ネコの顔だと思いました。
E：ここは？（使っているの？）（図版Ⅰの空白領域Sを指す）→**不適切**
E：目はどこですか？　→**不適切**
➡対象者が，すでに手足，角，耳などに言及していれば，「足はどこですか，角はどこですか？」と尋ねることは可能だが，対象者が口に出していない段階では，たとえ全体反応か部分反応かを確認するためであったとしても「足はありますか」などという質問はせずに，「どこを見たらいいのか，教えてください」などのような定型的な質問にとどめ，反応段階での最初の知覚を重視する。「目はどこですか」と余計な質問をすることで，以降の図版でも対象者が目の説明をするように方向づけてしまうことになる。

【例12-2】「ここは（使ってないの）?」

E：『大男』とおっしゃいましたが。

S：ここが大きな足で，頭が小さく見えるので，大男を下から仰ぎ見た感じ
　　に見えました。

E：ここは使っていないの?（図版Ⅳの D1 領域を指す）→**不適切**

S：ええと，そこは……うーん，椅子かな?

➡そもそも漠然としか見ていない対象者も存在する。対象者が注目していな
　い領域について，あえて質問して確認することは望ましくない。特定の構
　えを対象者に与えてしまうことになる（空白反応 S や，全体反応 W が増
　える可能性がある）。領域を特定するための質問は，「どこを見たのか教え
　てください」などの定型的な質問の方がよい。それでも領域が特定できな
　い場合には，やむを得ず，「ちゃんと同じように見えているか，わからな
　いので，大男に見えたところを指でなぞってもらえますか」「どこなのか
　よくわからないので，大男を指してもらえますか」などと尋ねる。このと
　き，ロケーションシートではなく，図版上で指してもらうようにする。た
　だし，この方法では，特殊部分反応 Dd99 を引き出しやすい上，空白反応
　S をうまく拾い上げることができないことから，できるだけ対象者に口頭
　による説明を求めた方がよい。

【例13】「どこから見えたのですか?」

E：どこから『飛行機』に見えたのですか?　→**あまり適切ではない**

S：ここです。これ全体です。

➡「どこから見えたのですか?」という表現を，決定因子や領域などに関し
　て幅広く尋ねるニュアンスを込めて使用する検査者は少なくない。しかし，
　対象者の中には，"場所"を聞かれているとストレートに受け取り，「ここ
　です」と答え，領域に関する返答が中心となり，結果的に決定因子 F の反
　応ばかりになってしまうことがある。質問段階の趣旨が対象者に伝わった
　後であれば問題はないものの，最初の質問として「どこから」と聞くこと
　は推奨されない。

E：『飛行機』に見えたのを，私にもわかるように教えてくれますか？　→
　　適切

【例14】色彩反応の確認の仕方
S：（図版ⅩのD6領域）青は水です。青いから。
➡質問不要で，Ｃとコードする。
S：この青い部分は水かもしれません。
➡かもしれないと述べるなど，言い切っていない場合は，質問を続ける。
E：『この青い部分は水かもしれません』とおっしゃいましたが，それはこ
　　の図版でどう見たらいいのか説明してくれますか？　→**適切**
➡『青い水』『青いから水』などと明言していない場合，単に青い部分とい
　　う領域を指し示しているに過ぎない可能性もある。
S：青い部分の形が，水滴のように見えました。
➡決定因子はＦとコードし，色彩はコードされない。

6　質問段階の記録

　対象者が言ったことは，言ったとおりに逐語記録するが，検査者の質問も
逐語記録する。検査者の質問の失敗が明白であれば，テスト結果を解釈する
際に考慮する。検査者の質問は定型的なものが多いため，任意の略語を準備
し，対象者の話すスピードに追い付くための工夫を行う。たとえば，中村・
大関（2016）では，次のような略語を例示している。略語は記録用紙に意
味を付記しておき，後からわかるようにしておく。
TYLS ＝ Take your time. Look some more. You will find something else.
　　　　　（急いでいませんのでゆっくり見てください。ほかにも何か見える
　　　　　と思います）

7　その場でコードしていくこと

　質問段階ですべきことは，対象者と同じように見ることである。不適切な
質問は，対象者に不安，焦り，防衛を生み出し，反応を変化させてしまうこ

とにもつながる。ロールシャッハ・テストの約80種類の記号（コード）をすべて理解しておき，検査者は頭の中で反応を同時通訳のようにコードに変換していく。キーワードがあってすぐに変換するのが難しいとき，すなわち対象者と同じように見えているのか不確かなときは，質問をする。その場でコードするようにしていれば，適切な質問の機会を逃すリスクは減る。

8　質問段階についてのQ&A

【Q1】 質問段階で初めて出た反応はコードしないのですか？

【A1】 最初の「反応段階」での自然な流れの中で，自発的に生み出された反応を重視しているため，「質問段階」で「今見ると○○……」と新たに登場した反応はコードしない。ただし，記録用紙には，対象者が口にしたことのすべてを逐語で記録する。

【Q2】 対象者の言葉が，感想か反応か判断に迷う場合はどうしたら確かめられますか？

【A2】 『これも左右対称ですね』『わー，きれいな色』など，判断に迷う場合には，対象者が口にしたことをそのまま繰り返し，「～と言われましたが，答えとして言われたのですか，それとも感想ですか」と尋ねる。

【Q3】 『向き合っている』『向かい合っている』について，運動反応であるか否かを確認するよい質問はありますか？

【A3】 特別な質問方法はなく，「『向き合っている』とおっしゃいましたが，あなたが見たように私も見たいので説明してください」と尋ねる。「向き合っている」という反応段階の発言のみで，消極的運動反応であると自動的にコードはせず，確認する。

【Q4】 質問段階で，『忘れた』『見えない』と言われた場合の対処方法を教えてください。

【A4】 いくつかの例を以下に示す。

「ゆっくりご覧ください。前に見えたのですから，きっとまた見えますよ」
「お答えは，記録していたので，確かにさっきは見えたようです。ま
た見ると，きっと見つけられると思いますよ」

　なお，「思い出してください」とは言わない方がよい。それにより，
個人的な思い出を語り出す場合があるからである。

文献

Exner, J.E., Leura, A.V., & George, L.M. (1976)：A replication of the Masling study using four groups of new examiners with two seating arrangements and video evaluation. Rorschach Workshops (Study No.256, unpublished).

Exner, J.E., Armbruster, G.L., & Mittman, B. (1978)：The Rorschach response process. Journal of Personality Assessment 42；27-38.

Exner, J.E. (2003)：The Rorschach：A Comprehensive System, Volume 1, Basic Foundations and Principles of Interpretation, 4th Edition. New York：Wiley. (中村紀子・野田昌道監訳 (2009)：ロールシャッハ・テスト——包括システムの基礎と解釈の原理. 金剛出版)

Lis, A., Parofin. L., Calvo, V., Zennaro, A., Meyer, G. (2007)：The impact of administration and inquiry on Rorschach Comprehensive System protocols in a national reference sample. Journal of personality assessment 89；193-200.

中村紀子・大関信隆 (2016)：ロールシャッハ・テスト Sweet Code Ver.2——コーディングシステム. 金剛出版.

参考文献

中村紀子 (2010)：ロールシャッハ・テスト講義 I ——基礎編. 金剛出版.
中村紀子 (2016)：ロールシャッハ・テスト講義 II ——解釈編. 金剛出版.

ロールシャッハって, やっぱりすごい！

梨田春樹（福岡家庭裁判所）

　私がロールシャッハと初めて出会ったのは，大学2年生のときに受講した心理検査法の実習でした。第一印象は「インクの染みが何に見えるかって，変なテストだなぁ……」というものでしたが，その後もロールシャッハを学ぶうちに「うん？　なんだかおもしろそうだぞ」という思いが芽生え，それはすぐに「これは役に立つぞ！」という確信に変わりました。私が理系の出身だったことも，ロールシャッハになじみやすかった理由の一つかもしれません。その人固有の言語反応をコードに変換し，それを集計し，パーソナリティの在りようを数量的に捉えようとする試みにとてもワクワクしたことを覚えています。

　また，ロールシャッハの最大の魅力はフィードバックのプロセスにあると思いますが，対象者と二人でデータを眺めつつ，そこに表れたものの意味を協働的に話し合うという治療的アセスメントの発想は，私がそれまでロールシャッハに抱いていた物足りなさを明確に補ってくれました。

　家庭裁判所調査官には，心理学，社会学，社会福祉学，教育学等の知識・技法を活用し，家庭内の問題を解決するための糸口を探ったり，非行のメカニズムを分析したりすることが求められます。私は，これまで主に非行少年のパーソナリティを理解し，再非行防止の手掛かりを得るためにロールシャッハを使っていましたが，最近は家事事件でも活用するようになりました。たとえば，夫と妻の両方にロールシャッハを施行して不協和の原因を一緒に考えたり，親の紛争下で不適応を起こしている子どものデータを父母と共有し，子どものためにどうすればよいかを話し合ってもらったりしています。

　私の実務において，ロールシャッハは欠かすことのできないパートナーとなりました。時にはロールシャッハに懐疑的な姿勢を示す少年や当事者・子どもたちも，実際にデータを前にしてやり取りを始めると真剣な態度に変わるのです。ロールシャッハって，やっぱりすごい！

第3章
CPCSレベル1（単位Bコーディング）の過去問題と解説

　本章では，包括システムによるロールシャッハ認定資格制度のレベル1（初級/CPCS-1）の試験問題を用いて，正しいコーディングについて解説する。

　Wood et al.（1996）により，コーディングの評定者間一致率に疑念が示されたことに対して，Meyer et al.（2002）は，十分なサイズの8つのデータセットを検証し，すべてのサンプルでおおむね優良であったと反論している。ただし，包括システムの信頼性はひとえに検査者のコーディング技術にかかっているので，過信や間違いがない適切なコーディングのために「用心深い構え」をもち続けるようにとの警告も加えている。

　また，コーディングには，さまざまな亜流やローカル・ルールが生じやすく，評定者間の一致率を低下させる要因となりやすい。学問の発展のために創意工夫はあってもよいが，コーディングのルールを正しく理解しないまま，我流を貫くことは推奨しない。

Ⅰ．正しいコーディング

　ロールシャッハ・テストでは，対象者の反応を記号化し，量的な集計を行う。対象者の発話を「プロトコル」と呼び，プロトコルを記号化することを「コーディング」と称し，コードしたものを意味あるように並べたり計算したりし

て算出し数値化したものを「スコアリング」と呼ぶ。記号化（コーディング）には以下の8種類の着眼点がある。

1)【領域】…図版のどこを見たのか。部分か全体かなど。

2)【決定因子】…図版のどの特徴が反応形成に寄与したのか。形か色かなど。

3)【形態水準（Form Quality：FQ）】…述べられた反応の形態と用いられた領域が合致しているか。

4)【反応内容】…何に見えたのか。人か動物かなど。

5)【平凡反応】…3分の1以上の人に高い頻度で見られる反応か。第I図版のコウモリなど。

6)【発達水準（Developmental Quality：DQ）】…見た領域をどう統合したのか。

7)【組織化活動（Zスコア）】…図版の空白領域や部分領域を統合する難易度に応じて，図版別に重みづけられた値。

8)【特殊スコア】…特異な言語表現，固執，反応内容の特別な特徴，人間表象など。

　プロトコルは1つの反応ごとに記号化される。ペア反応は，決定因子に分類されるが，表記上は，決定因子の欄から独立しており，領域，発達水準（DQ），決定因子，形態水準（FQ），ペア反応，反応内容，平凡反応，Zスコア，特殊スコアの順に並んで表記される。図版Iから図版Xまでのすべての反応の一覧を「スコアの継列（Sequence of Scores）」と呼ぶ。

　記号の数値化に際し，Zスコアと特殊スコアは重みづけが決められており，換算表と照合しながら値を決定する。それ以外の大部分の記号は，反応全体で何回使用されたかを合算し，出現頻度によって数値化する。

　包括システムのコーディングには2つの大原則がある。1つは，最初に図版を見たときの反応に表されているプロセスだけをコーディングするという点である。第2章で解説したように，検査者の不用意な質問で引き出されてしまった反応はコードすべきではなく，迷った場合には反応段階の反応に戻ることが重要である。

　2番目のルールは，反応に出現するすべての要素がコーディングに含まれていなければならないという点である。包括システムでは，複数の決定因子

が反応の中に含まれているときは，それぞれをドット（.）で区切り，ブレンド反応であることを示す。多いときには，3つ4つの決定因子を含むブレンド反応も生じうる。特に，多種類の運動反応を含むブレンド反応の場合，運動反応を1つしかコードしないというミスが生じやすく，テスト結果の解釈に悪影響を及ぼす。適切な支援計画の作成には，第2章で述べた正しい施行法とともに，正しいコーディングが必須である。

　CPCS-1には4種類の単位（単位A，単位B，単位C，単位D）が設けられているが，このうち単位Bコーディング（基礎）の研修会の最後に行われる「理解度確認のための試験」の一部を次に紹介する。実際の試験は基礎編であるため，多肢選択方式で難易度が全体的に低く設定されており，試験中，書籍やノートを持ち込み，閲覧することも認められている。

Ⅱ．試験問題

問1　Ⅰカード（∧正位置）反応：コウモリ
質問段階：（反応を繰り返す）[注1] こことここが羽で（D2），こことここが手で（D1），全体的（W）にコウモリです。

A…　Wo　Fo　A　P　ZW1.0　DV
B…　Wo　Fo　A　P　ZW1.0　DR
C…　Wo　Fo　A　P　ZW1.0　FAB
D…　Wo　Fo　A　P　ZW1.0　INC

問2　Ⅱカード（∧正位置）反応：飛行機
質問段階：ここ（DS5）が飛行機。こういう（DS5の輪郭をなぞりながら）形がそれっぽい。ここがコックピットで左右が翼。飛行機って白いのが多い

[注1] 以下，この記載を省略する。

じゃないですか。だから飛行機。

A…　DSo5　FCo　　Sc　ZS4.5
B…　DSo5　C'Fo　Sc
C…　DSo5　FC'o　Sc
D…　DSo5　Fo　　Sc　ZS4.5

問3　Ⅲカード（∧正位置）反応：2匹のイヌ
質問段階：そう，イヌはここなの（D9）。左右に2匹います。プードルよ。
これが（D9全体を指しながら）そっくり。横向きに見てね，ジャンプして
いるところなの。

A…　D+9　Mao　　（2）　A　COP
B…　D+9　FMau　（2）　A　COP
C…　Do9　FMao　（2）　A
D…　Do9　Ma-　　（2）　A

問4　Ⅳカード（∨逆位置）反応：サボテンかなあ（D1）
質問段階：柱みたいなサボテン。上の方に花があって，この横の出っ張った
ところがサボテンのトゲに見えて。とがった先端。

A…　D+1　Fo　　Bt　ZA4.0
B…　Dv1　Fo　　Bt
C…　Do1　FYo　Bt
D…　Do1　Fo　　Bt

問5　Ⅴカード（∧正位置）反応：ハイヒール
質問段階：こっち（左のD4）とこっち（右のD4）。ここがヒール（Dd32）。
こっち（D1）がつま先。ここ（D6）は入りません。

A…	W+	F-	(2)	Cg	ZW1.0
B…	Wo	F-		Cg	ZW1.0
C…	Dd+99	F-		Cg	
D…	Ddo99	F-	(2)	Cg	

問6　VIカード（∧正位置）反応：渓谷

質問段階：この辺（D12）だけです。真ん中が濃くて谷の底に向かって深くなっていく感じで，深い谷のように見えます。

A…	Dv12	TFo	Ls
B…	Dv12	C'Fo	Ls
C…	Dv12	VFo	Ls
D…	Dv12	YFo	Ls

問7　VIIカード（∧正位置）反応：人の頭

質問段階：ここ（D1）。横顔で，首の上まで（D9）。あと，ここ（D5）とここ（D8）は髪の毛。

A…	Do1	Fo	Hd			GHR
B…	D+1	Fo	Hd, Cg		ZD3.0	GHR
C…	Do1	Fo	Hd	P		GHR
D…	D+1	Fo	Hd	P	ZA1.0	GHR

問8　VIIIカード（∨逆位置）反応：ブルドックの顔

質問段階：これです（D2）。ブルドックの顔です。目があって，頬で，年老いてくたびれきった顔です。

| A… | Do2 | Fu | | Ad | MOR |
| B… | Do2 | FMpu | | Ad | MOR |

C… Do2 Fu Ad DR
D… Do2 FMpu Ad DR

問9　IXカード（∧正位置）反応：お花（W）

質問段階：鉢があって（D6），そこにお花が生けてある。上（D2）が全部お花に見える。お花の具体名はわからないけれど，こういう跳ねた部分（D3の先端を指す）が特徴的で，色もいっぱいあって，花びらに見える。ちょうど花びらが開いた形で，真ん中（D5）に雌しべか雄しべがあって。ここ（D1）は葉っぱかな。

A… W+ CFo Bt, Sc ZW5.5
B… Do2 Co Bt, Sc ZA2.5
C… D+6 CFo Bt, Sc ZA2.5
D… W+ FCo Bt, Sc ZW5.5

問10　Xカード（∧正位置）反応：歌舞伎役者

質問段階：ここ（Dd22）が歌舞伎役者の顔。赤い髪で，顔に何かきれいな飾り（D11）をつけている。目（D2）で，顔が白塗りなのが歌舞伎役者に見える。

A… DdS+22 FC.FC'- Hd, Art ZS6.0 PHR
B… DdS+22 FC.FC'- Hd, Art PHR
C… DdS+22 FC- Hd, Art ZA4.0 PHR
D… DdS+22 FC.FC'- Hd, Art ZA4.0 PHR

III. 正　解

問1…D，問2…C，問3…C，問4…D，問5…D，問6…C，問7…C，問8…A，
問9…D，問10…A

IV. 解　説

　問1は，特殊スコアに関する設問で，正解は選択肢Dである。INC（不調
和な結合／Incongruous Combination : INCOM）は，ある1つの対象にあり
えない特徴や行動が付与された反応と定義されている。INCOMにはレベル
1とレベル2の区別があり，レベル1は，不注意になされた害のないもので
あることが多い。レベル2は，風変わり（strange）で非現実的なものである。
レベル1とレベル2を区別する際には，年齢，教育程度は考慮せずに判断する。
レベル1の1は省略してINCと表記する。レベル2はINC2と表記する。

　INCの例として『コウモリの手』や『動物の手』がある。図版Ⅰ『コウモ
リの手』という反応は比較的よく見られるが，解剖学的にはコウモリの羽の
先から出ているのは爪にあたる。図版Ⅳや図版Ⅷ『動物の手』もよく見られ
るが，前足が正しい。

　INC2の例として『ニワトリの頭をした女性』がある。ただし，SF映画
や漫画のキャラクターであるとの説明が自発的に付け加えられた場合には
INC2はコードせず，反応内容は架空の人間として（H）とコードする。稀
に漫画の中のキャラクターであっても逸脱の程度が大きい場合にはINCや
INC2をコードすることがあるが，迷った場合には最初の反応段階の発言を
重視する。

　選択肢AのDV（Deviant Verbalization）逸脱言語表現には「造語」と「重
複」の2種類がある。就学前の子どもは『エレベーター』を『エベレーター』
と言うなど，正しく話せないことがある。また，正しくは『水墨画』と言う
べきところを『墨画（すみが）』と述べることがあり，これらは「造語」の

DVに分類される。2種類目の「重複」には『死んでいる死体』,『双子の双生児』などがある。

　選択肢BのDR（Deviant Response）逸脱反応には，①「不適切な説明」，②「状況流動反応」，③「過剰な修飾」の3種類がある。

　1つ目の「不適切な説明」は関係ない一句を差し挟むことを指す。たとえば『私，コウモリ好きなんです』は，本人の感想や好みを言っているにすぎないためDRはコードしないが，『うちの母はコウモリを見ると泡を吹いたようになるんですよ』と関係ない一句を差し挟んでいる場合はDRをコードする。2つ目の「状況流動反応」とは図版に対する自分の反応に刺激され，自分の経験や連想が思い起こされて，それが場当たり的に出た反応で，『コウモリといえば，洞窟ですね。洞窟と言えば……』などのように『それは図版のどこに見えることなのか？』と聞いても定かではなく，説明が図版から離れていくような反応をDRとコードする。3つ目の「過剰な修飾」の例としては『優雅で高貴なコウモリ』がある。高貴というのは本来，人を指すものでコウモリを修飾するには合わず，不適切な修飾であるためDRをコードする。

　選択肢CのFAB（Fabulized Combination : FABCOM）作話的結合は2つ以上の対象の間にありそうもない関係が想定されている反応で『コウモリがシルクハットの帽子を被っています』『2匹のクマがポーカーをやっています』など，現実にはありえない関係づけをしている場合にコードする。なお，これらは擬人的な動きであるため，決定因子としてFMやmではなくMとコードする。

　問2の正解は選択肢Cである。FC'（Form-Achromatic Color Response）形態無彩色反応は一定の輪郭があるものが，黒，白，灰色などの「無彩色」を使って反応された場合にコードする。選択肢AのFC（Form-Color Response）形態色彩反応も形態が優位であるという点でFC'と共通するが，問2の反応は『白い』ので無彩色のFC'が正解となる。塗り絵のようにまず実線で輪郭をしっかりとり，その形に沿って黒，白，灰色などを使う反応である。これに対して，選択肢BのC'F（Achromatic Color-Form Response）無

彩色形態反応は形態より白黒を優先した反応である。たとえば，『火山の噴火でできた白い岩。白い岩は溶岩が固まってできたもの』という説明であれば，白色が形態よりも優位にあるためC'Fとコードする。選択肢DのF（Form Response）形態反応は，図版の輪郭などの形のみに着目した決定因子である。

　問2の選択肢には決定因子の違いのほかに組織化活動にも違いがある。選択肢BとCのZスコア欄にはなにも記載されていない一方で，選択肢AとDにはZS4.5と記載されている。4.5という値は図版IIで空白部分が統合されていた場合のZスコアの値である。各カードの複雑さによって異なる重みづけが付与され，たとえば，図版IのZSの値は3.5，図版VIは6.5である。仮にこの反応が『真っ暗な夜空を飛ぶ白い飛行機』という反応であればZS4.5とコードするが，問2の『白い飛行機』は色のついているブロット箇所と共に使われた反応ではないためZスコアはコードしない。

　問3の正解は選択肢Cであり，発達水準はoである。左右に2匹のイヌがおり，ジャンプをしているという反応だが，2匹の関係性には言及がなく，発達水準を＋とする理由は見当たらない。ペア反応であったとしても，すべてのケースで発達水準が＋になるわけではない。また，正解の選択肢Cの決定因子FMaは動物運動反応（Animal Movement）を意味し，aはactive（積極的運動）を意味する。『話す』をpassive（消極的運動）の基準とし，それよりも大きい筋肉の動きが感じられる運動はactiveをコードする。文脈によって変わることはあるものの，『微笑み』はMp人間運動反応（Human Movement：M）で，『げらげら笑い』はMaとコードする。『イヌが座っていて（p），吠えています（a）』という反応のように，同一個体の運動に，aとpの二つが考えられる場合には，pはコードせず，aのみを採用する。『ネコがネズミに襲い掛かり（a），ネズミが小さく萎縮して震えている（p）』のように別々の個体の運動にaとpの二つの可能性が考えられる場合には，FMa-pとコードする。『ネコがネズミ…（中略）…震えている様子を描いた絵画です』のように，activeな運動が絵画や写真，ポスターなどの反応である場合には，passiveのみをコードする。なお，小さな子どもは『○○の絵』という表現

を用いることがあるが，反応内容が絵画であると述べているわけではなく，単にロールシャッハ図版のことを「絵」と言っているに過ぎない場合があるため，質問段階で『○○の絵』とおっしゃっていましたが，どう見たらいいのか教えてください」と，確認することが望ましい。

　また，選択肢AとDの決定因子はMaとなっている。問3は『イヌがジャンプ』しておりMは不正解となる。ただし，反応内容が動物の場合でもMや無生物運動反応（Inanimate Movement：m）をコードすることがある。その種にふさわしくない動物の運動，たとえば『ミミズがトコトコ歩いています』『イヌが大笑いしています』『クマが椅子に座っています』はFMではなくMとコードする。『チョウの標本，両端をここでピンと針で止めている』という不自然な緊張状態はmとコードする。

　正解の選択肢Cの形態水準o（ordinary：普通）は，9,500のプロトコルの中で最低2％以上の人が同じ領域に同じ反応をしているものである。なお，Ddの場合は，少なくとも50人以上がその領域を使用していて，そのうちの3分の2以上が同じ反応をしているものをoとしている。

　正解の選択肢Cには特殊スコアの記載がない一方，選択肢AとBにはCOP（Cooperative Movement：協力的な運動）がコードされている。COPは2つ以上の対象が明らかに肯定的もしくは協力的な関係性をもっている場合にコードする。問3には2匹のイヌが登場するものの，この2匹の関係性についての言及がなく，協力的ないし肯定的な動きでもないことからCOPではない。

　問4の正解は選択肢Dで，発達水準はoである。サボテンのトゲや花に関する言及があるものの，サボテンとそれ以外のもの（例：植木鉢）が統合された反応ではないため＋とはコードせず，選択肢Aは不正解となる。選択肢Bの発達水準はv（vague：漠然反応）となっている。植物の葉はvとコードすることが多いものの，たとえば『カナダの国旗についている（メイプルの）葉』など，一定の輪郭や形を示唆する反応であれば，発達水準はoとコードする。問4の場合，漠然としたサボテンではなく，『柱みたいなサボテン』と述べて，トゲや花などについて具体的な説明も加えており，一定の輪郭

や形があるためvは不正解となる。選択肢Cの決定因子FY（Form-Diffuse Shading Response：形態濃淡拡散反応）は，図版の濃淡に着目し，それが材質反応（Texture：T）でも濃淡立体反応（Vista：V）でもない場合の決定因子である。濃い／薄い，明るい／暗い，色が混ざった，など，ただ濃淡の特徴に言及している場合はFY（またはYF，Y）をコードする。問4では濃淡に関する言及はなく，FYのほかFTやFVも不正解となる。なお，『この横の出っ張っているところがサボテンのトゲ』と述べており，輪郭の形態からトゲの出っ張りを見ている。仮に『トゲが出っ張っているのは，この濃淡から立体的に見えるから』という反応であれば濃淡立体反応（FV）になる。

　問5の正解は選択肢Dである。選択肢AとBの反応領域はW，選択肢CとDの反応領域はDd99となっている。設問を見ると，質問段階で『ここ（D6）は入りません』と述べており，領域全体を使用するWとは異なる反応であることがわかる。選択肢Cの発達水準は＋だが，選択肢Dはoとなっている。つま先はヒールの一部のため＋とはならず，問5の反応の場合，2足の関連性について特段の言及がないため発達水準はoが正解となる。選択肢BとCはペア反応の（2）が記載されておらず不正解となる。この反応は「ハイヒール」で，「こっち（左）とこっち（右）」と説明されている。この説明から，左にハイヒールがあり，同じく右にもハイヒールがあることがわかるため，ペア反応をつける。この反応では「一足の」ハイヒールとは言っておらず，「こっち（左）とこっち（右）」という知覚は，図版の片方に見えたものと同じものを図版の対称性を使ってもう一方に見る，というペア反応の基準に合致している。ペア反応をつけないのは，二つで一つの「セット」になっている場合で，典型例として「肺」がある。肺は左右にあるが，左右がつながっているため，ペア反応をつけない。同様に，一人の人が両足にハイヒールを履いているのであれば，このハイヒールはペア反応ではなくなる。

　問6の正解は選択肢Cで，決定因子はVF（Vista-Form Response：濃淡立体形態反応）である。『真ん中が濃くて谷の底に向かって深くなっていく感

じで，深い谷のよう』と述べ，濃淡によって立体的に見ている。決まった形状は想定できないものの，『深い谷』というLs地景（Landscape）に言及しているためVFとコードする。また，仮に『渓谷』ではなく『何かよくわからないけれども，真ん中が濃くて深くなっている感じ』というId（Idiographic：個性記述的反応）であれば，V（純粋濃淡立体反応）をコードする。一方，選択肢Aの決定因子TF（Texture-Form Response）材質形態反応は，濃淡の特徴が『柔らかい』『ザラザラした』『滑らか』『毛のようにふわふわした』『濡れた』などのように触ったときにわかる質感として述べられている場合のコードであり，不正解となる。選択肢Bの決定因子C'F（Achromatic Color-Form Response：無彩色形態反応）は『黒，白，灰色だから，○○に見えました』などのように，反応を決める際に無彩色であることが理由として述べられている場合のコードなので不正解となる。選択肢Dの決定因子YF（Diffuse Shading-Form Response：濃淡拡散形態反応）は，『ここに濃淡があるから』『色にむらがあるから』などのように単に濃淡に言及しているだけのコードなので不正解となる。

　問7の正解は選択肢Cで，発達水準はoとなる。人の頭，横顔，首の上まで，髪の毛など，さまざまな部位について言及しているが，いずれも同一人物の人間部分反応（Human detail：Hd）の説明である。発達水準の＋は2つ以上の対象が，別個のものであって関連があると述べられている場合にコードするため，選択肢BとDは不正解となる。選択肢Bは他の選択肢と異なり，反応内容欄にHdのほかにCgがコードされている。Cg（Clothing：衣服）には靴，帽子，ウィッグなど身にまとうすべてのものが含まれるが，髪の毛（地毛）は含まれない。選択肢Aには平凡反応（Popular Responses：P）がないため不正解となる。図版Ⅶの平凡反応はD9領域に人間の頭か顔を見ていればよいとされている。

　Exnerは，Tsugawa et al.（1999）の研究を引用し，日本人の場合，3人に1人という平凡反応の基準を満たす反応が他に2つあり，それは図版ⅡのWで2人の人間像と図版ⅥのWで楽器である，としている。このため，日本製

の集計ソフト Sweet Code（中村・大関，2016）では，これらを（P）とコードする機能が付加されている。

　問8の正解は選択肢Aで，決定因子はFである。これに対して，選択肢Bの決定因子はFMpとなっている。問8は『年老いてくたびれきった顔』と答えているが，筋肉運動ではないためFとコードする。選択肢AとBの特殊スコア欄にある損傷内容（Morbid Content : MOR）は『年老いてくたびれきった顔』に対してコードされている。選択肢CとDの特殊スコア欄にある逸脱反応（Deviant Response : DR）は問1で解説した。

　問9の正解は選択肢Dで，反応領域はWである。『鉢』がD6領域で，そこに花が生けてあり，D2領域がすべて花とされ，図版Ⅸの全体（W）が使用されている。発達水準は＋である。つまり，D6領域の『鉢』とD2領域の『花』が統合され，W反応となっているからである。
　決定因子はFCである。『お花の具体名はわからないけれど』という部分のみに着目すると，CF反応と誤解されるが，問9では『鉢があって，そこに花が生けてある』と形状が主導で説明され，輪郭を確保したうえで『色もいっぱいあって』と説明している。さらに『こういう跳ねた部分（D3の先端を指す）が特徴的で』『ちょうど花びらが開いた形で，真ん中（D5）に雌しべか雄しべがあって』など形態についての説明がある。ZスコアはZW5.5である。D6領域とD2領域が接しているため，ZAの可能性もあるが，図版ⅨのZAは2.5，ZWは5.5であり，Zスコアは高い方の値を採用するルールがあるため，ZW5.5をコードする。

　問10の正解は選択肢Aで，決定因子はFC.FC'である。『歌舞伎役者の顔。赤い髪で，顔に何かきれいな飾り（D11）をつけている』と歌舞伎役者の輪郭の説明のほか，『赤い髪』と色彩に言及しており，FCとなる。さらに『顔が白塗りなのが歌舞伎役者に見える』と白色に言及しており，決定因子はFCとFC'の両方を採用する。

形態水準はマイナスである。形態水準表でマイナスと表記されている反応は、出現頻度が低いというだけの理由でマイナスになっているわけではない。たとえば、図版Xの逆位置の「顔」という反応は、患者、非患者を問わず、比較的よく見られるが、ブロットにない輪郭を用いているために、マイナスとコードする。

　Ｚスコアはユ S6.0である。Exner（2003/2009）は、図版Ⅲと図版Xにおいて、「ブロットのDやDd領域を目、鼻、口、耳、あごひげなどと見て、それらをひとつにまとめて顔と答えることがある」「こうした反応は、たいてい単にゲシュタルトの閉合の原理に従って答えられたにすぎず、白い地は使われていない。したがって、Ｚスコアはスコアしない」と述べつつも、「図版Ⅲや図版Xには、空白部分が統合された顔反応もある。『ピエロの顔。これが目で、鼻で、顔を白く塗っている』という反応のように白い領域が明確に使われている場合である。このようなときにはZSをスコアする」としている。問10の歌舞伎役者は『白塗り』に言及されており、ZSをコードする。

文献

Exner, J.E.(2003)：The Rorschach : A Comprehensive System, Volume 1, Basic Foundations and Principles of Interpretation, 4th Edition. New York : Wiley.（中村紀子・野田昌道監訳（2009）：ロールシャッハ・テスト――包括システムの基礎と解釈の原理. 金剛出版）

Tsugawa, R., Takahashi, M., Takahashi, Y., Nishio, H., Nakamura, N., Fuchigami, Y.(1999)：Popular responses among Japanese using the Comprehensive System. ⅩⅥ International Congress of Rorschach and Projective Methods, Amsterdam.

Meyer, G.J., Hilsenroth, M.J., Baxter, D., Exner, J.E., Fowler, J.C., Piers, C.C., et al.(2002)：An examination of interrater reliability for scoring the Rorschach comprehensive system in eight data sets. Journal of personality Assessment 78 ; 219-274.

Wood, J.M., Nezworski, M.T., & Stejkal, W.J.(1996)：The comprehensive system for the Rorschach : A critical examination. Psychological Science 7 ; 3-10.

中村紀子・大関信隆(2016)：ロールシャッハ・テストSweet Code Ver.2――コーディングシステム. 金剛出版.

参考文献

包括システムによる日本ロールシャッハ学会公式WEBサイト会員専用ページ.
　　コーディングQ&A. http://www.jrscweb.com（2023年3月14日取得）
中村紀子（2010）：ロールシャッハ・テスト講義Ⅰ──基礎編. 金剛出版.
中村紀子（2016）：ロールシャッハ・テスト講義Ⅱ──解釈編. 金剛出版.

あきらめかけていた私が，できるようになるまでの道のり

服部広正（高松少年鑑別所）

　学生時代に，私が初めてロールシャッハを学んだときの感想は，「なにがなんだかさっぱりわからない」というのが正直なところで，勉強するにしてもどこから手をつければよいのか全くわかりませんでした。当時はロールシャッハに関する書籍は少なく，残念ながら私が在籍していた大学にロールシャッハを専門にしている教員がいなかったこともあり，やむなく習得をあきらめかけていました。

　ところが，大学院に進学すると，なんと包括システムを専門にしている臨床家が教鞭をとっているではありませんか。私は驚きと嬉しさと決意を胸に，その先生のゼミに入り無我夢中で勉強しました。包括システムの魅力は，「目に見えない複雑な心の状態を，誰にとってもわかりやすい数字という形で示してくれる」という点でした。また，他の心理検査や尺度と比べて心理的援助に役立てられそうな情報が多く得られるとともに，検査後のフィードバックを通してクライエントの自己洞察を助けてくれるところにも惹かれました。ただし，「言うは易く行うは難し」で，

そう簡単にはいきませんでしたが，ゼミの先生から手取り足取り丁寧に指導していただいたおかげで，初学者だった私もどうにか使いこなせるようになるまでに成長させていただきました。

　大学院を卒業後は，ゼミの先生から勧められて少年鑑別所の心理技官として勤務することになりました。心理技官の仕事は，主に非行少年の犯罪に及んだ心理的要因や機序を解き明かし，改善更生に向けた具体的な方策を鑑別結果としてまとめ，家庭裁判所に提出することですが，特に非行理解の難しい殺人事件や性犯罪のケースにおいて，私は何度もロールシャッハに助けられました。

　そして，現在はマネジメント業務に主軸が移り，以前に比べてロールシャッハの利用頻度はめっきり減りましたが，その一方で若手心理技官の研修講師としてロールシャッハの習熟を手助けするなど，次の世代の育成に取り組んでいるところです。

第4章
ロールシャッハ解釈の
基礎

Ⅰ．解釈の前に

　本章では，解釈の基本的手順について解説する。

　解釈の前に留意しておくべきことを二点あげたい。第一に，解釈のための
データは「正しい」ものでなくてはならない。つまり，テストは標準化され
た方法で施行され，その結果が適切にコード，スコアされている必要がある。

　コーディングは対象者が述べた言葉をある一定の基準（コード）に当ては
めていく作業だが，人間の言語表現には曖昧で多義的な性質があるので，コー
ディングに迷う場面に出会うことは当然あり得る。しかし，1つのコーディ
ングの違いが解釈の基になるスコアや指標に大きな影響をもつことがある。
そこで，この反応のコードは本当にFC'であってFYではないのかなど，解
釈の過程でも何度かコードをチェックし，見直すことが大切になる。ここで
言う「正しい」コーディングとは，正解か不正解かという単純なものではな
く，見直しや検討を重ね，可能な限り対象者の知覚に近づく努力をするとい
うプロセスを含むものである。

　留意点の二つ目は，解釈の基礎となる指標や変数の性質をよく理解してお
くことである。そのためには，それらの基礎になっているさまざまな研究に
ついても知っておく必要がある。大雑把に言えば，変数や指標は次の3つの
タイプに分類できる。①カットオフ値を超えるかどうかが意味をもつもの
(PTI, DEPI, CDI, SumV, Fr＋rFなど)，②数値が大きければ大きいほど（あ

るいは小さければ小さいほど）意味が強まる（弱まる）もの（COP, XA%, M- など）, ③大きすぎても小さすぎてもネガティブな意味合いがあり, その中間が平均とされるもの（Zd, 3r + (2)/R, FM など）。これらの性質を踏まえると, 一つ目の留意点の重要さがさらによく理解できる。

たとえば, COP の 0 か 1 かの違いと 2 か 3 かの違いは, どちらも対人交流を肯定的にとらえている程度が「小さいか大きいか」を示している。つまり, 数値が大きくなるほど, それが示すところの意味合いも強まっていく。一方, SumV の 0 か 1 かの違いは自責の念や罪悪感, 自分を恥じる感覚の「ある／なし」の可能性を示すが, 2 か 3 かの違いにはパーソナリティの特性に関する解釈上の違いはない。直観的には SumV が 2 よりも 3 の方が自責の念が「強い」かのように思えるが, 現時点ではそのような仮説を裏づける実証研究の結果は得られていない。さらに複雑なのは, 比率や割合など, 検討すべきスコアはたくさんあり, それらが相互に影響し合っていることである。そのため, SumV の 2 か 3 の違いからは明確なことが言えなくても, それが eb に差を生じさせ, さらには S-CON や DEPI に重要な影響を与えるかもしれない。このように, 1 つの変数の 1 点の差は, その変数だけではなく, 構造一覧表全体に影響を与える。こうした部分と全体の相互関係や成り立ちの理解は, 後に述べる解釈仮説の統合に大変役に立つ。

II. 解釈の手順

解釈は次のような手順で行われる。(1) データをクラスターにまとめる。(2) 鍵変数に従って, クラスターを検討する順番を決める。ただし, この順番がどうであれ, S-CON は必ず最初に見る。また, 状況関連ストレスのクラスターは, テスト結果から状況関連ストレスが確認できた場合（D < Adj D）にのみ検討する。(3) 1 つのクラスターの中のすべてのデータを, ステップ・バイ・ステップで検討する。(4) 解釈仮説を統合する。

これらの基本についての全般的な解説は Exner（2003/2009）などの成書

にゆだね，ここでは簡単な説明といくつかの補足的な解説にとどめる。

1　クラスター

　各クラスターにおける主だった検討事項を以下に示す。便宜上，ここでは，情報処理，認知的媒介，思考の3つのクラスターを認知機能として一つにまとめて記載している。

1）コントロール（統制／統制力），コーピングスタイル，ストレス耐性

- 自分のことを自分でコントロールできているか
- 主たるコーピングスタイルはどのようなものか
- コーピングスタイルを柔軟に切り替えることができるか
- コーピングのために動員できる力はどの程度か
- コーピングを妨げるものは何か
- 問題は慢性的なものか反応性のものか

2）状況関連ストレス

- 状況関連ストレスの影響はどのように表れているのか
- 影響の大きさはどの程度か

3）認知機能（情報処理／認知的媒介／思考）

- 情報の取り入れにどれほどエネルギーをかけているか
- 情報の取り入れの質，効率，一貫性はどのようなものか
- ものごとを多くの人と同じように見ているか
- 現実検討が悪くなるとしたら，それはどのようなときか
- 判断や意思決定の際に思考はどのような働きをしているのか
- 思考活動の質はどのようなものか

4）感情

- 判断や意思決定の際に感情はどのような働きをしているのか

- 感情刺激に対してどの程度オープンであるのか
- 感情刺激からどのようにして身を守っているのか
- 感情を内向させやすいか
- 感情表出をうまくコントロールしているか
- 感情の混乱はあるか

5）自己知覚
- 自分をどのように理解しているか
- 自己概念の内容や質はどのようなものか
- 自分と他者にバランスよくエネルギーをかけているか（どちらかに偏りすぎていないか）

6）対人知覚
- 他者や対人関係を正確に理解できているか
- 他者と関係をもつ上で特別な構えをもっているか
- 対人関係の質はどのようなものか

2　鍵変数

　鍵変数（表4-1）は，クラスターを検討する順番を決めるという役割を担うだけでなく，それ自体が個人の中核的な特徴に関する豊かな情報源ともなっている。したがって，順番を決めた後も，残りの鍵変数をチェックしておくことが望ましい。鍵変数となっている変数は各クラスターの中にも登場するので，その文脈の中でおいおい検討することにはなる。しかし，スタートの時点で検討しておくと，個人の理解のための大まかな枠組みが築かれ，その後の解釈の方向性が示されるという利点がある。

　包括システムには12の鍵変数があるが，これらは大きく3つのカテゴリーに分けることができる。

　一つ目のカテゴリーに入るのは，上から4つの基準である（PTI > 3, DEPI > 5かつCDI > 3, DEPI > 5, D < Adj D）。これらの鍵変数に該当す

表4-1　鍵変数とクラスターを検討する順序

鍵変数	クラスターの検討順序
PTI > 3	情報処理過程 > 媒介過程 > 思考 > 統制 > 感情 > 自己知覚 > 対人知覚
DEPI > 5 かつ CDI > 3	対人知覚 > 自己知覚 > 統制 > 感情 > 情報処理過程 > 媒介過程 > 思考
DEPI > 5	感情 > 統制 > 自己知覚 > 対人知覚 > 情報処理過程 > 媒介過程 > 思考
D < Adj D	統制 > 状況関連ストレス（以下の順序は次に該当する鍵変数による）
CDI > 3	統制 > 対人知覚 > 自己知覚 > 感情 > 情報処理過程 > 媒介過程 > 思考
Adj D < 0	統制（以下の順序は次に該当する鍵変数による）
L > 0.99	情報処理過程 > 媒介過程 > 思考 > 統制 > 感情 > 自己知覚 > 対人知覚
Fr + rF > 0	自己知覚 > 対人知覚 > 統制（以下の順序は次に該当する鍵変数による）
体験型内向型	思考 > 情報処理過程 > 媒介過程 > 統制 > 感情 > 自己知覚 > 対人知覚
体験型外拡型	感情 > 自己知覚 > 対人知覚 > 統制 > 情報処理過程 > 媒介過程 > 思考
p > a + 1	思考 > 情報処理過程 > 媒介過程 > 統制 > 自己知覚 > 対人知覚 > 感情
HVI陽性	思考 > 情報処理過程 > 媒介過程 > 統制 > 自己知覚 > 対人知覚 > 感情

Exner（2003/2009）をもとに作成

る場合は，認知，思考，感情における何らかの障害や混乱，ストレス関連の機能障害や状態不安の高まり等が示唆される。つまり，現在の問題にはパーソナリティの要因よりも何らかの病理や障害の方が強く影響していることが予想され，それらがパーソナリティの特性を見えにくくしている可能性が高い。したがって，この後の解釈を進め，支援方法を検討していくにあたって

は，この点を念頭に置いておくことが大切である。

　二つ目のカテゴリーは，5番目と6番目の基準である（CDI ＞ 3，Adj D ＜ 0）。これらの鍵変数は，長い時間かかってでき上がった，慢性的かつ持続的で，場合によっては不適応をもたらしやすいパーソナリティの特徴と関連がある。本来もっているその他のパーソナリティ特徴の機能の効果的，安定的な発現を邪魔してしまうかもしれない。

　残りの6つの基準が三つ目のカテゴリーに入る（L ＞ 0.99，Fr ＋ rF ＞ 0，体験型内向型，体験型外拡型，p ＞ a ＋ 1，HVI陽性）。これらの鍵変数が関連するのはパーソナリティスタイルである。変わりにくい中核的な特徴として，その他の特徴の表れ方に影響を与えるが，必ずしも障害や不適応をもたらすわけではない。

3　ステップ・バイ・ステップの検討

　クラスターを検討する順番が決まり，パーソナリティ構造や機能に関する骨組みが作られたならば，次は各クラスターのデータをステップごとに検討していく（表4-2）。各ステップには，基準とともに「可能な所見（Potential Findings）」が示されている。可能な所見は実証的な研究に基づいているものであって，文字通り「サンプルの水準で示された可能性」にすぎない。したがって，これらをただ集めて並べても，生きた人間としての個人の姿はなかなか浮かび上がってこない。Exnerは次のように忠告している。「それぞれのクラスターは個人の特徴について情報を提供してくれるが，その人物の全体像を描き出すものではない。ロールシャッハ言語で言うならば，それらはテストの部分（D）を表すものと言えるかもしれない。解釈者にとっての課題は，各クラスターから得られる結果をまとめてW+にすることである」（Exner, 2003/2009, p.608）。

　Wであることももちろん大切だが，より重要なのはDQ+にするという点である。ステップごとの解釈仮説を順番に並べ，積み上げていく（DQoアプローチ）のではなく，ステップごとの解釈仮説を組み合わせ，それらを関連づけながら積み上げていく（DQ+アプローチ）。このとき必要なのは適切

表4-2　クラスター内の変数を検討する順序（Exner, 2003/2009）

統制力とストレス耐性
ステップ1　Adj D および CDI
ステップ2　EA
ステップ3　EB およびラムダ
ステップ4　es および Adj es
ステップ5　eb

状況関連ストレス
ステップ1　D スコア（es および Adj es との関連で）
ステップ2　D スコアと Adj D の差
ステップ3　m と Y
ステップ4　T, V, 3r ＋（2）/R（生活史との関連で）
ステップ5　D スコア（Pure C, M-, 形態質のない M に関して）
ステップ6　ブレンド反応
ステップ7　色彩－濃淡ブレンドと濃淡ブレンド

感情の特徴
ステップ1　DEPI および CDI
ステップ2　EB およびラムダ
ステップ3　EBPer
ステップ4　eb の右辺およびそれに関連した変数
ステップ5　SumC' : WSumC
ステップ6　Afr
ステップ7　知性化指標
ステップ8　CP
ステップ9　FC : CF ＋ C
ステップ10　Pure C
ステップ11　S（空白反応）
ステップ12　ブレンド反応（ラムダおよび EB）
ステップ13　m と Y を含むブレンド反応
ステップ14　ブレンド反応の複雑さ
ステップ15　色彩－濃淡ブレンド
ステップ16　濃淡ブレンド

自己知覚
ステップ1　OBS および HVI
ステップ2　反射反応 [注1]
ステップ3　自己中心性指標
ステップ4　FD および V（生活史との関連で）
ステップ5　An ＋ Xy
ステップ6　SumMOR
ステップ7　H :（H）＋ Hd ＋（Hd）および人間反応内容に関するコーディングの検討
ステップ8　以下に含まれる投映内容を読む
　　a　マイナス反応
　　b　MOR 反応
　　c　M 反応および人間反応
　　d　FM 反応および m 反応
　　e　言語修飾されたその他の反応

情報処理過程
あらかじめ検討すべき項目（L, EB, OBS, HVI）
ステップ1　Zf
ステップ2　W : D : Dd
ステップ3　反応領域の継列
ステップ4　W : M
ステップ5　Zd
ステップ6　PSV
ステップ7　DQ
ステップ8　DQ の継列

媒介過程
あらかじめ検討すべき項目（R, OBS, L）
ステップ1　XA％および WDA％
ステップ2　形態質のない反応
ステップ3　X-％, FQ- の頻度, S- の頻度
ステップ3a　マイナス反応の同質性
ステップ3b　マイナス反応の歪みの程度
ステップ4　平凡反応
ステップ5　FQ ＋の頻度
ステップ6　X ＋％および Xu％

思考
ステップ1　EB およびラムダ
ステップ2　EBPer
ステップ3　a : p
ステップ4　HVI, OBS, MOR
ステップ5　eb の左辺
ステップ6　Ma : Mp
ステップ7　知性化指標
ステップ8　Sum6 および WSum6
ステップ9　特殊スコア Sum6 の質
ステップ10　M の形態質
ステップ11　M 反応の質

対人知覚
ステップ1　CDI
ステップ2　HVI
ステップ3　a : p の比
ステップ4　食物反応
ステップ5　SumT
ステップ6　人間反応の数および Pure H の数
ステップ7　GHR : PHR
ステップ8　COP および AG の頻度とコーディング
ステップ9　PER
ステップ10　孤立指標
ステップ11　ペアを伴う M 反応および FM 反応の内容

［注1］「鏡映反応」と同じである。

な疑問と論理的な推論である。解釈を進める過程では，「このスコアとこの
スコアが合わさるとどういうことが言えるのか」「この布置の中ではこのス
コアはどういう意味をもつのか」「矛盾しているように見えるこれらの結果
はどう理解したらいいのか」など，さまざまな疑問が湧き上がる。それらの
疑問に答えられるように推論し，さらには，次のステップ，次のクラスター
のデータにその問いの答えの手がかりを見つけ出し，推論を重ねる。

　推論は，論理的で，臨床的に意義のあるものでなければならない。たとえば，
「自己評価がネガティブで，他者と比べて自分はうまくいっていないと考え
やすい」（自己中心性指標＝0.18）ことと，「周りに対して不信感があり，傷
つきやすい」（HVI陽性）ことは，論理的にどう結びつくのか。過去に外傷
的体験があり，そのために過度に警戒的になり，ひいては二次的に社会適応
がうまくいかなかったのだろうか。あるいは，うまくいっていないことを周
囲や他者のせいだと歪曲してとらえる傾向を示しているのだろうか。いくつ
か考え出された仮説は，構造一覧表のその他のデータを見ることによって裏
付けられたり，修正されたり，棄却されたりすることになる。たとえば，人
間反応やM反応に形態水準マイナスの反応が多ければ，後者の可能性が高
くなるかもしれない。

　注意しなければいけないのは，可能な所見が実証的研究に基づいているの
に対し，他の変数や副次的情報との関係から肉付けしていく作業はあくまで
も推論に過ぎないということである。自己中心性の低値とハイラムダスタイ
ルの組み合わせが常にある特定の可能性を示唆しているわけではない。さま
ざまな可能性の中から，検査者が考えて，最もふさわしい仮説を導き出すの
である。

4　概念的統合

　各ステップの仮説には実証的な根拠があり，状態や現象を記述し，説明し
てくれる。しかし，なぜそうなっているのかは示してくれない。また，その
ような状態や現象が当事者にどのように体験されていて，その人の人生や生
活にとってどのような意味をもっているのかということも教えてはくれない。

それらは，ある特定の個人という枠組みや文脈を考慮してはじめて見えてくる。たとえば，同じHVI陽性という結果であっても，それが小学校3年生の構造一覧表に示されている場合と25歳の成人の構造一覧表に示されている場合とでは，その個人的な意味が大きく異なっていることは想像に難くない。少なくとも前者では，発達に与える影響を抜きに解釈することはできないだろう。

　また，パーソナリティの特徴を表すスコアに関しては，その値だけでは適応，不適応の判断はできない。社会や状況への適応という観点からすると，同じ数値がポジティブにもネガティブにもなり得るからである。たとえば，不登校状態の17歳の高校生と社会的に成功している45歳の企業家が，L＝1.9という同じ結果を示していることもある。内外からの刺激を減らし，単純化しているという点では同じでも，高校生にとってはそれが身を守るための回避につながり，企業家にとっては感情に流されずに無駄を省き，実務に徹するという合理性をもたらしているのかもしれない。

　ロールシャッハのスコアは個人の心理機能の表象であり，可能な所見はデータを一般化した抽象的なものである。それに対し，個人は固有の生活歴，家族歴，現在の生活状況等をもつ，現実に生きる具象的存在である。概念的アプローチとは，表象を介して，具象と抽象を行き来する作業であり，可能な所見という乾いた情報に命を吹き込む営みである。大事なのは「行き来」しながら考えるという点である。一般化に偏りすぎれば個人の生の姿や現実から乖離してしまう。一方，具象に偏りすぎれば，実証的基盤を失ってしまうし，ロールシャッハ・テストを実施した意味が薄れてしまう。両者を行き来し，バランスを取りながら，一般性を超えたその人らしさを見つけ出していくことが求められる。

　結果を統合していくための出発点は，疑問をもつことである。その疑問への答えを見つけようと，次のステップ，次のクラスターへと目を向けていく。疑問というのは，要するに対象者への関心に他ならない。この関心があるからこそ，統合の過程で，対象者の生きている世界という枠組みが当然考慮に入れられる。解釈の目的はテスト結果（データ）を理解することではなく，

個人を理解することである。「解釈は，つねにその人を特有（unique）の個人として理解することを目指して進められる」（Exner, 2003/2009, p.263）。結果の統合は，このようなパーソンセンタード・アプローチによって行われる。

Ⅲ．架空事例

　以下，架空事例をもとに，上述の基本的な解釈の手順と，考えながら結果をまとめていくプロセスの実際を示す。構造一覧表はSweet Code ver.2（中村・大関，2016）により作成した。

事例A（42歳，女性）
【主訴】
　子ども（長男，小2）をかわいく思えない。そういう自分が許せず，嫌になる。何とかしなくてはと思うが，子どもを前にするとやはりイライラしてしまう。
【来談の経緯】
　Aは32歳で結婚した。なかなか子どもができなかったが，不妊治療を続け，3年目でようやく子どもを得られた。出産時には「嬉しかったし，命が生まれたんだと思って感動した」という。長男はあまり夜泣きをせず，全般的に育てやすい子だった。5歳頃からは活動的になり，自己主張も増えてきたが，するとなぜかAは次第に長男のことをかわいく思えなくなってきた。長男がわがままを言ったり，公共の場ではしゃいだりすると，非常に腹が立った。しかし，虐待をしてはいけない，きちんと育てなければいけないという思いも強く，「義務感のようなものを感じながら」子育てをしてきた。
　数カ月前，夫に冗談めかして「子どもをかわいく思えない」とこぼしてみたことはあるが，心配をかけたり，気をつかわせたりしたくないと思い，それ以上は打ち明けなかった。しかし，このままではいつか我慢できずに，長男に怒鳴ったり，手をあげたりしてしまうのではないかと怖くなり，Aは自

ら私設の心理相談室を訪れた。

　面接時，筋道立てて説明しようとするあまり，話がときどき冗長になったが，Aはそのことに自分で気づくと，「長くなってすみません」と謝っていた。話しながら涙を流すこともあったが，「普段，人前で泣くことは決してないんです」と話していた。Aはどうして子どもをかわいく思えないのかを理解したいと希望し，ロールシャッハ・テストを含む心理検査を実施することになった。

【家族・生活歴等】

　夫（高校教員）と長男の3人家族。Aも私立高校の教員として働いている。長男は健康で，学校内での問題行動は報告されていない。

　Aは三人姉妹の長女。小さい頃から「お姉ちゃんだからしっかりしなさい」と言われて育った。大学では史学を専攻した。大学院進学も考えたが，研究者になっても就職先がないと周囲に説得され，高校教員になることにした。

　独身の方が気楽だと思っていたが，現在の夫と出会い，「一緒にいても疲れない人だ」と思い，結婚することにした。

　Aは中肉中背で，これまでに大きな病気や怪我をしたことはない。職場では堅実な仕事ぶりを評価されているが，最近は「気がそぞろで授業の準備がおろそかになってしまうことがある」という。

【アセスメント事項】

1）ロールシャッハ・テストの結果からはAのパーソナリティについてどのように記述できるか。

2）上の結果を踏まえると，Aの主訴についてどのように理解できるか。

3）Aに対してどのような支援を行うのが適切か。

①プロトコル

図版		反　応	質　問
I	1 ∧ [注2]	チョウ。サナギから羽化するところ。	「『チョウ。サナギから羽化するところ』とおっしゃいましたが，どう見たらいいのか教えてください」（以下，対象者の反応をそのまま逐語で繰り返すため，記載を省略する）。昔，うちの畑のキャベツによくサナギがついていて，こういうの見たことがあります。最初の出てくる瞬間はきれいじゃなくて，だんだんきれいになっていくんです。「どう見たらいいですか」ここ（D4）がサナギの殻で，これ（D2）が羽が出てきたところ。とてもゆっくりなのでわかりにくいんですけど，サナギの殻から羽が出てきている。出てきているところだから，羽はまだこういう形（自ら輪郭をたどる）。
	2	ここがくちばしで（Dd31），鳥が車にはねられたのか，羽がこっちに広がっちゃった感じ（D2）。	道路とかで実際に見たことがあって，こんなふうに羽がボロボロになって変な格好に広がっていたんです。足がこれ（D1）。「ボロボロ？」こういうギザギザしたのが，ところどころちぎれた感じで（自ら輪郭をたどる）。
	3	真ん中だけ見ると，人のようにも。ショーの場面。真ん中で女の人が歌っていて，両側の人が踊っている。	真ん中の人（D4）はこう手を挙げて（D1）歌っていて，スカートはいて（Dd24）。で，両側の人（D2）はショーを華やかにするために，羽飾りがついたような衣装を着て踊ってる。真ん中の人の肩につかまって，腕を広げている感じ。
II	4	CT。お腹の部分を輪切りにして撮ったやつ。	CTの画像は輪の形なんですよね，これ（D6）。腫瘍があると白く映るけど，これは赤いから違いますね（D6内部の赤を指して）。腰椎は白く映ります，ここ（DS5）。これだとちょっと大きすぎますけど。
	5	島の地図。	真ん中（DS5）に湖がある島の地図。暗いところは山。あと，この色が違っているところが（D6内部の赤），赤で印を付けてある。行き先とか，今日はここに泊まるとか，マーカーでチェックしたみたいな。「暗いところは山？」地図なんだけど，薄いところには高さを感じて，濃いところが低いみたいになって，高低差がある感じ。
	6	ああ，あと，子犬。子犬が2匹。	これとこれで（D1×2），鼻をよせ合っていて，耳で，足かな。犬のご挨拶というか，臭いをかぎ合って相手の反応をうかがっているところ。

[注2] 以下，正位置の場合は∧を省略する。

図版		反　応	質　問
Ⅲ	7	虫？	ぱっと見た感じなんですけど，目があって（Dd31×2），口で，脚で（D5），体。何だろう。クモみたいな。これは（D2×2）何だろう。これは，よくわかりません。こっちは（D3）背中の模様。赤くて，毒をもったクモみたい。
	8	プードルが2匹，にらめっこしている？	人みたいだけど，この口がとがっているのが違うし，四つ足みたいなので，どっちかと言うとプードルの方かな。 「どう見たらいいですか」 ここが（Dd32）が頭で，とがっているところが口で，体で，前足（Dd30），後ろ足（D5）。どうしてかわかりませんが，相手の方をまっすぐ見ているので，にらめっこして遊んでいるのかなって。あと，ちょっとのけぞっているような格好が，笑わないように我慢しているというか。それをこの赤い精霊みたいなのが（D2），後ろで応援しているみたい。アニメの一場面です。子どもっぽいですね。
Ⅲ	8		「精霊というのは？」 赤くて，頭にひょろひょろって長いのがあって，足がなくて浮いているみたいな。この辺が顔で，耳打ちをしているような格好に見えました。
	9 ∨	こうして（∨），ここだけ見ると（Dd99），男の子が木に登って，木の上の秘密基地のようなところでくつろいでいる？　ハックルベリー・フィンみたいに。	ここ（指で囲う）。頭で（Dd31），首で，上半身。これが（D5）木の枝で，この木の枝でできる木陰に寝転んで，空を見ながら考えごとをしているみたい。
Ⅳ	10	台風か何かで木がなぎ倒されて，ずしーんって感じで向こう側に倒れちゃったところ。	これが幹で（D5），先（D3）が向こう。こういうちょっと細くなっているところは根っこ。なぎ倒されて地面から地表に出てる。葉っぱの部分（D6）が横にこう大きく見えるから，向こう側に倒れてる。でも，未来につなげるぞ，みたいな。山へ行くとよく倒れているのを見るんですけど，倒れている木からまた新しい生命が芽生えるんですよね。
	11	ここ（D1）を除けば，大男，巨人が仰向けに寝ているようにも見えますね。	さっきの木と同じように見て，こっちが頭で（D3），手で（D4），足で（D6），大の字になって寝ているところを，やっぱり足の方が大きいから，足の側に立って上から見てる。こう（斜め下を指すジェスチャー），大男を斜めに見下ろした感じですか。
	12	あとは，ドライフラワーかな。	ここが（D1）花で，アザミとかプロテアとか，周りは（D6）何だろう，葉っぱか別の花か。ここは（D4）葉っぱですね，細長い，ユーカリみたいな。ここで（D3）まとめて，一つの作品にして，吊るして飾っています。
Ⅴ	13 ∨	∨　花を半分にして見たような，図鑑に載っているような。	花を真ん中から半分にすると，雄しべ，雌しべがあって（D9），花弁（D4），がく（D6）。なんか，花ばかり見ていますね。
	14	こうすると（∧），鳥。クジャクみたいな。	クジャクを正面から見たところ。本当はもっと上まで羽があるんでしょうけど，これから羽を広げようとしているか，閉じているところ。きれいな色だといいんだけど。あと，ここが（Dd34）クジャクの頭の羽みたい。

①プロトコル（つづき）

図版		反　　応	質　　問
VI	15	何だろう，切り身，というか，半身におろした魚。	こっちは（Dd33側）頭だけど，落としてあって，こっちがしっぽ（D3）。お腹を開いて内臓を取ったところで，濃くなっているのが（D5）血合いの部分。こういう滲んでいるのは，魚の脂が少し出てきているところかな。
	16	お墓にも見えます。十字架の。	これが十字架です（D3）。お墓には，ずうっと下の方，目には見えないところに，大事な人や可愛がっていた動物が埋められている。 「どう見ればいいですか」 実際に埋まっているわけではなくて，象徴的っていうか，何か大事なものとのつながりを感じさせられます，お墓って。
	17 ∨	逆さまにすると，くるくる回すと絵が動くうちわの作品みたいな。	こっちに絵が描いてあって（D1），ちょうどここ（D3）を持ってくるくる回しているところ。そうすると絵が動く。キネティック・アートっていうと大げさかもしれないけど。
VII	18	パッと見て，子どもが向き合っている感じですね。	ここが（D1）顔。向き合ってると言うか，手が（Dd21）こっちなので，振り向いた状態。言い忘れたことがあったみたいな感じで，相手に向かって，後ろを振り返っている。
	19	ここだけ見ると，チョウ。	ここ（D4）。羽で，真ん中が体。ここに丸い形があって，目みたいな模様だから，ジャノメチョウかな，あえて言えばですけど。
	20	あとは，島ですね。	入江がたくさんある島。真ん中の囲まれているところは湾かな。あと，こういう端の濃くなっているところが谷とかフィヨルドで，急に深くなっているみたい。表面の薄いのは若草色で，もう少し濃いのは普通の緑なので，樹々がうっそうと生い茂っているような島じゃなくて，北の方の島。
VIII	21	セミを思い出しました。	セミは地面の中に7年いて，地上では1週間しか生きられないって，あれ嘘なんですよね。 「セミはどう見たらいいですか」 実際には形は違うけど，こっちが頭で（D2），羽があって（D1），こっちがお尻（D4）。こういうところの線が（D3），何となくセミのお腹の辺りとかに似ているような気がして。
	22	これは，カメレオンかな。	これがカメレオン（D1）。こっち頭で，足で，足で。今，下から来たから赤いけど，もうすぐ緑に染まろうとしてる。今，緑のとこ（D8）に登っているから。これは（D2）赤い花で，こっちは（D8）緑の葉っぱや木の枝。
IX	23	ランプ？　飾り付けをして，ディナーショーとかでテーブルの上に置かれているランプ。	下は台で（D6），真ん中のガラスが火をまとめているようで，中の芯に火を付けて灯りにするみたい。 「真ん中のガラスが火をまとめているようで？」 この白いところが（D8），こういう形のグラスのようなもので，その両側にそれぞれ火の形の模様。こうとがった形しているのと（D3），広がった形しているのとで（D1），火を表したデザイン。ここは（D8）薄くなっているので，中の芯のようなもの（D5）が透き通って見えていて，これに火をつける。

図版		反　応	質　問
X	24	微生物を顕微鏡で見たところ。気持ち悪い感じ。	これ全部。変な形のものがたくさんあるから色々な微生物で，それがうようよ動いている感じです。怖いというか，気持ち悪い絵ですね。
	25	あとは，うーん，子どもの国。	これ（D11）が入り口。入り口の門で，ここから子どもだけ入ってくる。オレンジのが，入ってきた子ども（D3）。子どもだけ羽はえていて，そういう子どもが入ってくる，現実の子どもじゃないけど。子どもは，これが羽で，体。ここには（D10），緑の羽のある天使が立っている。ここ（D1）とか，ここ（D15）とか，他のもみんな花です，いろんな形，種類の。これ（Dd21），チューリップの形していて，これも花。これは，子どもだけ，純粋なときに死んだ子どもだけ入るところ。まだ世の中のことを知らずに死んじゃった子どもだけが入ってくる。なんだろう，天使に近い存在になるのかな。

②ロケーションチャート

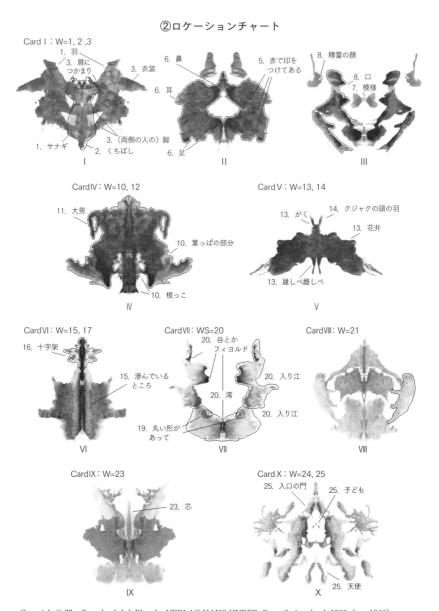

Card Ⅰ：W=1, 2 ,3
1. 羽
3. 肩に
つかまり
3. 衣装
6. 鼻
5. 赤で印を
つけてある
8. 精霊の顔
6. 耳
8. 口
7. 模様
1. サナギ
3.（両側の人の）脚
2. くちばし
6. 足
Ⅰ
Ⅱ
Ⅲ

CardⅣ：W=10, 12
11. 大男
10. 葉っぱの部分
10. 根っこ
Ⅳ

CardⅤ：W=13, 14
13. がく
14. クジャクの頭の羽
13. 花弁
13. 雄しべ雌しべ
Ⅴ

CardⅥ：W=15, 17
16. 十字架
15. 滲んでいる
ところ
Ⅵ

CardⅦ：WS=20
20. 谷とか
フィヨルド
20. 入り江
20. 湾
19. 丸い形が
あって
20. 入り江
Ⅶ

CardⅧ：W=21
Ⅷ

CardⅨ：W=23
23. 芯
Ⅸ

Card Ⅹ：W=24, 25
25. 入口の門
25. 子ども
25. 天使
Ⅹ

Card	Resp. No.	Location and DQ		Loc. No.	Determinant(s) and Form Quality		(2)	Content(s)	P	ZScore	Special Scores
I	1	W	+		FMp	u		Ad, Id		4.0	PER
	2	W	o		F	–		A		1.0	MOR, PER
	3	W	+		Ma	o	(2)	H, Art, Cg		4.0	COP, GHR
II	4	DS	o	6	FC'	–		Xy		4.5	
	5	DS	v/+	6	CF. VF	u		Ge, Id		4.5	
	6	D	+	1	FMp	o	(2)	A	P	3.0	
III	7	DdS	o	99	FC	–		Ad		4.5	
	8	D	+	9	Mp. FC	o	(2)	(H), A		4.0	FAB, COP, GHR
	9	Dd	+	99	Mp	u		Hd, Bt		4.0	PHR
IV	10	W	o		mp. FD	o		Bt		2.0	DR, MOR
	11	D	o	7	Mp. FD	o		(H)	P		GHR
	12	W	o		mp	u		Art, Bt		2.0	
V	13	W	o		F	u		Art, Bt		1.0	
	14	W	o		FMa	u		A		1.0	
VI	15	W	+		mp. FY	–		Fd		2.5	MOR
	16	D	o	3	F	o		Id			DR
	17	W	o		mp	u		Art		2.5	
VII	18	D	+	2	Mp	o	(2)	Hd	P	3.0	GHR
	19	D	o	4	F	o		A			
	20	WS	v		VF. YF	o		Na			CP
VIII	21	W	o		F	–		A		4.5	DR
	22	D	+	1	FMa. CF	u		A, Bt		3.0	
IX	23	W	o		FV	u		Art		5.5	
X	24	W	v		FMp	u		A			
	25	W	+		Mp. FC	u		(H), Bt, Sc		5.5	DR, PHR

注1) 複数のコーディングが<u>決定因子</u>にある場合,「ブレンド反応は, その反応に現れた順に決定因子をコードする」(Exner, 2001/2003, p.51)。従って各々のコーディングに主とか副とか重み付けの別はない。コーディングとコーディングの間は「.」(ドット)で区切る。

注2) 複数のコーディングが<u>反応内容</u>にある場合,「それらはカンマ(,)で区切られる。最初に記されたものが最も中心的な反応内容となる。通常は主たる反応内容は反応の最初に述べられる」(Exner, 2003/2009, p.160)。この原理に従うと, たとえば, 上記のⅢ図版⑧の反応内容は, A,(H) が適切であり, 実際の臨床ではこのように記載する。上記で順番が逆になっているのは, 単に処理ソフト上の制限である(決定因子の順番が実際の臨床と違うのも同様の理由である)。いずれにしても, 反応内容においても決定因子と同様に, 主とか副といった重み付けの別はない。

注3) p.69「⑤事例A　特殊指標の布置」の左下にあるHVIの算出方法(7)は「H+A：Hd+Ad」としか書かれていないが, 正確には, H+A+(H)+(A)：Hd+Ad+(Hd)+(Ad) という計算式である。

④事例A　構造一覧表

LOCATION FEATURES		DETERMINANTS			CONTENTS		APPROACH	
		Blends	**Single**		H = 1		I = W+.Wo.W+	
Zf	= 20	CF.VF	M	= 3	(H) = 3		II = DSo.DSv/+.D+	
ZSum	= 66.0	Mp.FC	FM	= 4	Hd = 2		III = DdSo.D+.Dd+	
ZEst	= 66.5	mp.FD	m	= 2	(Hd) = 0		IV = Wo.Do.Wo	
		Mp.FD	FC	= 1	Hx = 0		V = Wo.Wo	
W	= 14	mp.FY	CF	= 0	A = 8		VI = Wo.Do.Wo	
D	= 9	VF.YF	C	= 0	(A) = 0		VII = D+.Do.WSv	
W+D	= 23	FMa.CF	Cn	= 0	Ad = 2		VIII = Wo.D+	
Dd	= 2	Mp.FC	FC'	= 1	(Ad) = 0		IX = Wo	
S	= 4		C'F	= 0	An = 0		X = Wv.W+	
			C'	= 0	Art = 5			
DQ			FT	= 0	Ay = 0		**SPECIAL SCORES**	
+	= 8		TF	= 0	Bl = 0			Lv 1	Lv 2
o	= 14		T	= 0	Bt = 6		DV	= 0 x1	0 x2
v/+	= 1		FV	= 1	Cg = 1		INC	= 0 x2	0 x4
v	= 2		VF	= 0	Cl = 0		DR	= 4 x3	0 x6
			V	= 0	Ex = 0		FAB	= 1 x4	0 x7
FORM QUALITY			FY	= 0	Fd = 1		ALOG	= 0 x5	
			YF	= 0	Fi = 1		CON	= 0 x7	
	FQx MQual W+D		Y	= 0	Ge = 1		Raw Sum6	= 5	
+	= 0 = 0 = 0		Fr	= 0	Hh = 0		Wgtd Sum6	= 16	
o	= 10 = 4 = 10		rF	= 0	Ls = 0				
u	= 9 = 1 = 8		FD	= 0	Na = 1		AB = 0	GHR = 4	
−	= 6 = 1 = 5		F	= 5	Sc = 1		AG = 0	PHR = 2	
none	= 0 = 0 = 0				Sx = 0		COP = 2	MOR = 3	
			(2)	= 4	Xy = 1		CP = 1	PER = 2	
					Id = 3			PSV = 0	

Ratios, Percentages, and Derivations

2 : Control and Tolerance

R = 25	L = 0.25		
EB = 6:3.5	EA = 9.5	EBPer = 1.7	
eb = 9:6	es = 15	D = −2	
	Adj es = 11	AdjD = 0	
FM = 5	SumC' = 1	SumT = 0	
m = 4	SumV = 3	SumY = 2	

1 : Affect

FC:CF+C	= 3:2
Pure C	= 0
SumC':WSumC	= 1:3.5
Afr	= 0.25
S	= 4
Blends:R	= 8:25
CP	= 1

4 : Interpersonal

COP = 2	AG = 0	
GHR:PHR	= 4:2	
a:p	= 3:12	
Food	= 1	
SumT	= 0	
Human Content	= 6	
Pure H	= 1	
PER	= 2	
Isolation Index	= 0.36	

7 : Ideation

a:p = 3:12	Sum6 = 5	
Ma:Mp = 1:5	Lev2 = 0	
2AB+Art+Ay = 5	WSum6 = 16	
MOR = 3	M− = 1	
	M none = 0	

6 : Mediation

XA%	= 0.76
WDA%	= 0.78
X−%	= 0.24
S−	= 2
P	= 3+(0)
X+%	= 0.40
Xu%	= 0.36

5 : Processing

Zf	= 20
W:D:Dd	= 14:9:2
W:M	= 14:6
Zd	= −0.5
PSV	= 0
DQ+	= 9
DQv	= 2

3 : Self-Perception

3r+(2)/R	= 0.16
Fr+rF	= 0
SumV	= 3
FD	= 2
An+Xy	= 1
MOR	= 3
H:(H)+Hd+(Hd)	= 1:5

☐ S-CON = 7　　PTI = 0　　☑ DEPI = 6　　☐ CDI = 3　　☐ HVI = No　　☐ OBS = No

Printed by SweetCode Ver. 2.1.1

⑤事例Ａ　特殊指標の布置

S-Constellation (Suicide Potential):

☐ Check Positive if 8 or more conditions are true:
Note: Applicable only for subjects over 14 years old.

☑ FV+VF+V+FD [5] > 2
☑ Color-Shading Blends [1] > 0　　*cf. S-S Blends [1]
☑ 3r+(2)/R[0.16] < .31 or > .44
☐ MOR[3] > 3
☐ Zd [-0.5] > +3.5 or < -3.5
☑ es [15] > EA [9.5]
☐ CF+C [2] > FC [3]
☑ X+% [0.40] < .70
☑ S [4] > 3
☐ P [3] < 3 or > 8　　*cf. (P) [0]
☑ Pure H [1] < 2
☐ R[25] < 17　　　　　S-CON : 7

PTI (Perceptual-Thinking Index):

☐ (XA% [0.76] < .70) and (WDA% [0.78] < .75)
☐ X-% [0.24] > .29
☐ (Sum Lv2 Special Scores [0] > 2)
　and (FAB2 [0] > 0)
☐ (R[25] < 17) and (WSum6 [16] > 12)
　or (R[25] > 16) and (WSum6 [16] > 17)
☐ (M- [1] > 1) or (X-% [0.24] > .40)

0 Sum PTI

DEPI (Depression Index):

☑ Check Positive if 5 or more conditions are true:

☑ (FV+VF+V [3] > 0) or (FD [2] > 2)
☑ (Col-Shd Blends [1] > 0) or (S [4] > 2)
　　*cf. S-S Blends [1]
☑ (3r+(2)/R[0.16] > .44 and Fr+rF [0] = 0)
　or (3r+(2)/R[0.16] < .33)
☑ (Afr [0.25] < .46) or (Blends [8] < 4)
☐ (SumShading [6] > FM+m [9])
　or (Sum C' [1] > 2)
☑ (MOR [3] > 2) or (2*AB+Art+Ay [5] > 3)
☑ (COP [2] < 2)
　or ([Bt+2*Cl+Ge+Ls+2*Na]/R[0.36] > .24)

Affect	= [3/5]	Int.Pers.	= [1/2]	
Cognition	= [4/5]	UnComp.	= [0/1]	8/13

CDI (Coping Deficit Index):

☐ Check Positive if 4 or 5 conditions are true:

☐ (EA [9.5] < 6) or (AdjD [0] < 0)
☐ (COP [2] < 2) and (AG [0] < 2)
☑ (Weighted Sum C [3.5] < 2.5)
　or (Afr [0.25] < .46)
☑ (Passive [12] > Active+1 [4])
　or (Pure H [1] < 2)
☑ (Sum T [0] > 1)
　or (Isolate/R [0.36] > .24)
　or (Food [1] > 0)

Resource	= [0/2]			
Affect	= [0/2]	Int.Pers.	= [5/6]	5/10

HVI (Hypervigilance Index):

☐ Check Positive if condition 1 is true and least 4 of the others are true.

☑ (1) FT+TF+T [0] = 0

☑ (2) Zf [20] > 12
☐ (3) Zd [-0.5] > +3.5
☑ (4) S [4] > 3
☐ (5) H+(H)+Hd+(Hd) [6] > 6
☐ (6) (H)+(A)+(Hd)+(Ad) [3] > 3
☑ (7) H+A [12] : Hd+Ad [4] < 4 : 1
☐ (8) Cg [1] > 3

OBS (Obsessive Style Index):

☐ (1) Dd [2] > 3
☑ (2) Zf [20] > 12
☐ (3) Zd [-0.5] > +3.0
☐ (4) Populars [3] > 7　　*cf. (P) [0]
☐ (5) FQ+ [0] > 1

☐ Check Positive if one or more is true:

☐ Conditions (1) to (5) are all true
☐ (2 or more of (1) to (4) are true)
　and (FQ+ [0] > 3)
☐ (3 or more of (1) to (5) are true)
　and (X+% [0.40] > .89)
☐ (FQ+ [0] > 3) and (X+% [0.40] > .89)

1 鍵変数

　最初に陽性となる鍵変数はDEPI > 5（DEPI = 6）であり（p.55 表4-1を参照のこと），検討するクラスターの順番は，感情 → 統制 → 自己知覚 → 対人知覚 → 情報処理過程 → 媒介過程（認知的媒介）→ 思考となる。

　DEPI = 6は，感情に関する何らかの障害や病理の可能性を示唆するものである。そうすると，感情面の苦痛がどの程度で，それがパーソナリティの機能とどのように関係しているのかという疑問がもち上がる。これが解釈を進めるうえでの大きな枠組みとなる。

　その他の鍵変数も見てみると，D < Adj D（D = − 2，Adj D = 0），体験型内向型（EB = 6:3.5），p > a + 1（a:p = 3:12）の3つが該当する。DEPI陽性と内向型の組み合わせからは，感情的な苦痛や気分の落ち込みは見た目以上に，あるいは本人が語る以上に強いものである可能性が考えられる。受動性（p > a + 1）は症状をさらに見えにくくしているし，何らかの状況因によって苦痛はより強まっているかもしれない。

　さっそく感情のクラスターを検討したくなるが，その前に必ず確認するのはS-CON（自殺の可能性）である。このプロトコルではS-CON = 7であった。ロールシャッハ・テスト施行後60日以内の自殺既遂者のサンプルに基づいて，S-CONには8以上というカットオフ基準が用いられる。しかし，その後の研究により，S-CON = 7は致死性の高い自殺企図を行った人を高い確率で識別することが明らかにされている（Fowler et al., 2001）。Aは「自分が許せず，嫌になる」と言っており，自己破壊的行動の有無についてより注意深く確認しておく必要がある。少なくとも，心的苦痛が相当強いものであるのは間違いないだろう。

2 感情（感情の特徴）

　鍵変数のところで見たとおり，社会的不適応を生じさせかねないほどの重大な感情の問題があることが示されている（p.57 表4-2の「感情の特徴」ステップ1：DEPI = 6，CDI = 3）。しかし，Aからは直接的な抑うつの訴えはない。では，抑うつはどのように体験され，どのように処理されているのだ

ろうか。これもすでにわかっているところだが，自分の感情を内に閉じ込める傾向をもつ内向型の人であり（ステップ2：EB＝6:3.5），抑うつ的な感情ははっきりとは外に表されていないようである。それでも，抑うつは傍から見る以上に内的に非常に強い影響を与えている。抑うつ感の中心には，強い自責，自己批判，恥，低い自己肯定感などがある（ステップ4：eb＝9:6，SumV＝3）。

　では，Aはそうした強烈な感情的苦痛にどう対処しているのだろうか。どうやら，感情体験の回避（ステップ6：Afr＝0.25），知性化（ステップ7：知性化指標＝5），否認（ステップ8：CP＝1）など，さまざまな方策を用いて辛い感情に直面するのを避けているようである。こうした方策は内向型のAには馴染みのあるものかもしれないが，果たして効果的なのだろうか。鍵変数を検討した際に状況関連ストレスの影響が懸念されていたが，現在はこれらの対処方法がどれほど機能しているのか，あるいはデメリットの方が上回ってしまっているのか。そうした疑問への答えは，次のコントロールのクラスターで明らかになってくるだろう。

　一方で，強い苛立ちや拒絶傾向を示すデータがあり，内心では激しい怒りや憤りを体験している可能性がある（ステップ11：S＝4）。内向型で，感情に対して蓋をするような人なので，もしかするとこのような激しい感情を抱くこと自体をよくないことだととらえ，それが自己批判や恥の感覚につながってしまいやすいのかもしれない。

　残りのステップからは，心理的には複雑な葛藤状態に陥り，内的な苦痛は相当に強く，さらにはそれが状況要因によって強められていることがあらためて確認できる（ステップ12：Blends：R＝8:25，ステップ13：m & Y Blends＝3，ステップ14：Blendsの決定因子はいずれも2つ，ステップ15：Col-Shd Blends＝1；CF.VF，ステップ16：Shd Blends＝1；VF.YF）。特にShd Blendsの出現は稀なことであり，しかもそれが内向型の人のプロトコルに見られるとなると，感情的な苦しみによって思考のまとまりが失われたり，注意が散漫になったりしている可能性さえ予想される。それでは，コントロールの力全般には，このように大きな苦痛，葛藤，混乱がどのような影

響を与えているのだろうか。

3 コントロール（統制／統制力）

本来は自分をコントロールする力があり，それだけの内的リソースをもっているようである。そのことを疑わせるデータはない（ステップ1：Adj D = 0，CDI = 3，ステップ2：EA = 9.5，ステップ3：EB = 6:3.5，L = 0.25，ステップ4：Adj es = 11）。短期的な目標として，状況関連ストレスを低減させることに焦点を当てた支援が必要だろう。しかし，その後は自己回復力に期待すればよいのだろうか（ステップ5：eb = 9:6：FM = 5，m = 4，SumC' = 1，SumT = 0，SumV = 3，SumY = 2）。これについて検討するために，続けて状況関連ストレスのクラスターを見てみる。定型の解釈戦略の順番（p.55 表4-1のDEPI > 5）には状況関連ストレスのクラスターは示されていなかったが，D < Adj D だったことから，ここでの検討は重要で，意味がある。

4 状況関連ストレス

まず目を引くのが，D = － 2である。Adj D との差は2あり，ストレスの影響は相当強く，かなりの混乱が生じていることが示されている（ステップ1，ステップ2，ステップ5）。思考にも感情にも影響がおよび，特に注意，集中が損なわれている（ステップ3：m = 4，SumY = 2）。子どもの行動への対応がストレスになっている可能性もあるので，この点については，夫によるサポートの可能性も含めて，より詳細に調べる必要がある。一方，自己批判や恥の感覚は最近の状況とは関係なく，慢性的に存在しているようである（ステップ4：SumV = 3，自己中心性指標 = 0.16）。

子どもに対して怒鳴ったり手をあげたりしないか心配だと述べているが，それはD = － 2が示す衝動性やコントロール力の低下の感覚と関係しているであろう。衝動的になりやすくなっている自分を自己批判的にとらえ，そのことがさらにストレスになり，ますますコントロール力に影響を与えるといった悪循環に陥っている可能性がある。そうだとすれば，自己批判や恥の感覚はストレスを生みやすくしたり増幅させたりする「火種」の役割をしている

のかもしれない。

5 自己知覚

このクラスターの検討により，Aの自己批判的な姿勢に関して，おそらくより詳細な情報が得られるだろう。十分な資質があり，社会的にも成功を収めている人が，どうしてこれほど自分を否定的に見がちなのか。その理由を理解するための手がかりを探っていく。

自尊感情が低く，自分のことを絶えず批判的にとらえていることは，すでに見てきたとおりである（ステップ3：自己中心性指標＝0.16，ステップ4：SumV＝3）。MOR＝3も，これまでの仮説と整合性のある結果である（ステップ6）。人間反応を見ると，Hは1しかない。心理的な資質があり，社会でも十分に機能していた人にしては低い値である。しかし，6個の人間反応のうち，ネガティブなコーディングに分類されるのは特殊スコアのついた2個だけであり，健全な自己イメージも維持されているようである（ステップ7）。

次に，投映が生じている反応（マイナス反応，MOR反応，Mおよび人間反応，FMおよびm反応，その他特徴的な言い回しや表現のある反応）を読み，それらに共通する主題や特徴から仮説を立てていく（ステップ8）。対象となる反応はこのケースでは比較的多く，これらを抜粋して以下に示す。それぞれの反応の主題をカッコ内に記しているが，これはあくまでも検査者の主観に基づくものである。また，仮説の形成は繰り返し現れる主題を軸に，慎重に行う必要がある。

マイナス反応は6個ある。
　　Ⅰ図版　第2反応　「鳥が車にはねられたのか，羽がこっちに広がっちゃった感じ，（…）こんなふうに羽がボロボロになって変な格好に広がっていたんです」（被害，損傷）
　　Ⅱ図版　第4反応　「CT。お腹の部分を輪切りにして撮ったやつ。（…）腫瘍があると白く映るけど，これは赤いから違いますね。腰椎は白く映ります，ここ。これだとちょっと大きすぎますけど」（不全感，否認）

Ⅲ図版　第7反応　「虫？（…）赤くて，毒をもったクモみたい」（危険
　　で嫌われる存在）

Ⅵ図版　第15反応　「切り身，というか半身におろした魚（…）頭だけど，
　　落としてあって（…）お腹を開いて内臓を取った」（損傷，不全感）

Ⅷ図版　第21反応　「セミ（…）地面の中に7年いて，地上では1週間
　　しか生きられないって，あれ嘘なんですよね」（不全感，否認）

Ⅹ図版　第25反応　「子どもの国（…）子どもだけ羽はえていて，そう
　　いう子どもが入ってくる，現実の子どもじゃないけど。（…）ここには，
　　緑の羽のある天使（…）純粋なときに死んだ子どもだけ入るところ（…）
　　天使に近い存在になるのかな」（転生，理想化，否認）

　MOR反応は3個あるが，そのうち2個のマイナス反応はすでに読んだので，
残りは1個である。

Ⅳ図版　第10反応　「台風か何かで木がなぎ倒されて（…）でも，未来
　　につなげるぞ，みたいな。山へ行くとよく倒れているのを見るんです
　　けど，倒れている木からまた新しい生命が芽生えるんですよね」（被害，
　　転生，否認）

　M反応と人間反応は6個あるが，そのうち1個はすでに読んでいるので，
残りは5個である。

Ⅱ図版　第3反応　「人（…）ショーの場面（…）両側の人はショーを
　　華やかにするために，羽飾りがついたような衣装を着て踊ってる」（虚
　　構，美化，自己犠牲）

Ⅲ図版　第8反応　「プードルが2匹，にらめっこしている？（…）人
　　みたいだけど，この口がとがってるのが違うし（…）相手の方をまっ
　　すぐ見ているので，にらめっこして遊んでいるのかな（…）笑わない
　　ように我慢している（…）精霊みたいなのが，後ろで応援しているみ
　　たいな」（抑制，自然な感情の制止，現実との乖離）

Ⅲ図版　第9反応　「男の子が木に登って，木の上の秘密基地のような

ところでくつろいでいる？　ハックルベリー・フィンみたいに（…）
この木の枝でできる木陰に寝転んで，空を見ながら考えごとをしてい
るみたい」（現実逃避，空想）

Ⅳ図版　第11反応　「大男，巨人が仰向けに寝ている（…）大男を斜め
に見下ろした感じ」（不活発）

Ⅶ図版　第18反応　「子どもが向き合っている（…）言い忘れたことが
あったみたいな感じで，相手に向かって，後ろを振り返っている」（不
全感，抑制）

FM反応とm反応は9個あり，そのうち2個はすでに読んでおり，残りは
次の7個である。

Ⅰ図版　第1反応　「チョウ。サナギから羽化するところ（…）最初の
出てくる瞬間はきれいじゃなくて，だんだんきれいになっていく（…）
とてもゆっくりなのでわかりにくいんですけど，サナギの殻から羽が
出てきている」（新生，脆弱性，慎重さ）

Ⅱ図版　第6反応　「子犬が2匹（…）鼻をよせ合っていて（…）ご挨
拶というか，臭いをかぎ合って相手の反応をうかがっているところ」（慎
重さ，抑制）

Ⅴ図版　第14反応　「鳥，クジャク（…）本当はもっと上まで羽がある
んでしょうけど，これから羽を広げようとしているか，閉じていると
ころ。きれいな色だといいんだけど」（不全感，自己卑下）

Ⅷ図版　第22反応　「カメレオン（…）下から来たから赤いけど，もう
すぐ緑に染まろうとしてる。今，緑のとこに登っているから」（同調，
自己規制）

Ⅹ図版　第24反応　「微生物（…）変な形のものがたくさんあるからい
ろいろな微生物で，それがうようよ動いている感じです。怖いという
か，気持ち悪い絵」（脆弱感，自己嫌悪）

Ⅳ図版　第12反応　「ドライフラワー（…）ここでまとめて，一つの作
品にして，吊るして飾っています」（装飾，生き生きとした生命感の

乏しさ）

　Ⅵ図版　第17反応　「くるくる回すと絵が動くうちわの作品（…）ちょ
　　うどここを持ってくるくる回しているところ。そうすると絵が動く。
　　キネティック・アートっていうと大げさかもしれないけど」（美，他律，
　　自己卑下）

　残りの反応は6個で，いずれも特徴的な言い回しや表現が見られる。
　　Ⅱ図版　第5反応　「島の地図（…）赤で印を付けてある。行き先とか，
　　今日はここに泊まるとか，マーカーでチェックしたみたいな」（探求，
　　知性化）
　　Ⅴ図版　第13反応　「花を半分にして見たような，図鑑に載っているよ
　　うな」（知性化）
　　Ⅵ図版　第16反応　「お墓（…）ずうっと下の方，目には見えないとこ
　　ろに，大事な人や可愛がっていた動物が埋められている（…）実際に
　　埋まっているわけではなくて，象徴的（…）何か大事なものとのつな
　　がりを感じさせられます，お墓って」（非現実的，親密さを求めつつ
　　距離を置くという両価性）
　　Ⅶ図版　第19反応　「チョウ（…）目みたいな模様だから，ジャノメチョ
　　ウかな，あえて言えばですけど」（慎重さ）
　　Ⅶ図版　第20反応　「島（…）樹々がうっそうと生い茂っているような
　　島じゃなくて，北の方の島」（生き生きとした生命感の乏しさ，抑制）
　　Ⅸ図版　第23反応　「ランプ（…）火の形の模様（…）火を表したデザ
　　イン」（装飾，静止）

　以上の反応の多くに見られる主題からは，自然な欲求や自由闊達な振る舞
い，自己主張を抑制し，自己規制している姿が思い描かれる。自分らしさや
現実との生き生きとした接触が犠牲にされ，自身が傷ついたり不全感を感じ
たりしたとしても，それは仕方がないことだと考えがちなのかもしれない。
さらには，そうした犠牲はいつか報われるはずだと自分に言い聞かせている

ようでもある。自尊感情の低さ，さらには鍵変数 p ＞ a ＋ 1 が示していた対人関係における受動性は，このような自己概念からもたらされているのかもしれない。

こうした信念体系はどうしてつくられたのかが重要な関心事となるが，それはロールシャッハ・テストの結果だけではわからない。その理解のためには生育歴や家族歴などについて注意深く聞いていくことが必要になる。

6　対人知覚

CDI も HVI も陰性だが（ステップ 1，ステップ 2），HVI の項目に目をやると，〔H ＋ (H) ＋ Hd ＋ (Hd) ＞ 6〕と〔(H) ＋ (A) ＋ (Hd) ＋ (Ad) ＞ 3〕の基準はそれぞれぎりぎりのスコアで該当せずとなっている。コーディングを見直し，もしもどちらかが 1 点増えると，HVI 陽性になる。たとえば，III 図版の反応 9 は Hd だが，「ハックルベリー・フィンみたいに」ではなく，「ハックルベリー・フィンだ」と同定していれば，(Hd) となる。プロトコル全体を通して，現実の人間よりもフィクションや非日常的な人間像への偏りが見られることからすると，潜在的には，対人関係における傷つきやすさや過敏さがあるのかもしれない。これはあくまでも控えめな仮説ではあるが，そうした傷つきやすさが，先に見た抑制的で自己批判的な構えをより強めている可能性も考えられる。少なくとも，他者との親密な関係には居心地のよさを感じられず，人と距離を取ろうとする傾向があることは間違いないだろう（ステップ 5：T ＝ 0）。

その一方，受動依存の傾向も認められる（ステップ 3：a:p ＝ 3:12，ステップ 4：Food ＝ 1）。これは一見すると「隠れ HVI 陽性説」とは矛盾した所見のようだが，Food 反応（VI 図版，第 15 反応）には FY と MOR が含まれており，依存欲求は無力感や悲観的見方を伴う葛藤的なものであることがうかがえる。他者への関心をもちながらも，他者の気持ちや反応を読み誤ってしまう（ステップ 6：人間反応 ＝ 6，PureH ＝ 1）。おそらく，他者は自分のことをよくは見ないし，本当は助けてくれないととらえがちなのであろう。その一方で，人とのかかわりを肯定的にとらえ，実際に対人関係上の問題を起こ

すことはなさそうであり（ステップ7：GHR:PHR＝4:2，ステップ8：COP＝2，AG＝0），高い資質と相まって，少なくとも表面的にはよい社会適応を可能にしている。しかし，やはり対人知覚は葛藤含みで，対人場面ではやや安心感が乏しく，知的に自分を守ろうとする傾向がうかがえる（ステップ9：PER＝2）。加えて，他者から距離を取り，他者との間に心理的に深い，意味のある関係を築くことができていないことも推測される（ステップ10：孤立指標＝0.36）。ペアを伴うM反応とFM反応の中に表れている対人関係も，形式的で慎重なものである（ステップ11：「両側の人はショーを華やかにするために，羽飾りがついたような衣装を着て踊っている（Ⅰ図版第3反応）」，「犬のご挨拶というか，臭いをかぎ合って相手の反応をうかがっている（Ⅱ図版第6反応）」，「プードルが2匹，にらめっこしている？　笑わないように我慢しているというか（Ⅲ図版第8反応）」，「言い忘れたことがあったみたいな感じで，相手に向かって，後ろを振り返っている（Ⅶ図版第18反応）」）。

　以上の結果からは，他者を気にし，できるだけ良好な関係を保とうとしているものの，一方では本当に受け入れてもらえるという安心感がなく，結局，対人関係は表面的，儀礼的なものになりやすいことがうかがえる。その底流には，先に見たような，わがままを言ったら受け入れてもらえない，自分の欲求を前面に出してはいけないといった，自己抑制的な構えが存在しているのであろう。

7　情報処理過程

　周りの空気を察知し，期待に応えなくてはいけないと考える人だとすれば，外からの情報をできるだけたくさん取り入れようとすることは十分予想される。このクラスターの結果は，おおむねその所見と合致するものである（ステップ1：Zf＝20，ステップ2：W:D:Dd＝14:9:2，ステップ4：W:M＝14:6）。さらに，全般的にはその効率も悪くない（ステップ5：Zd＝-0.5）。しかし，おそらくネガティブな感情と関係しているのではないかと思われるが，ときに情報の入力の仕方は未熟なレベルに落ち込んでしまう（ステップ7：DQ+

＝9，DQv＝2，DQv/＋＝1，ステップ8：II図版第5反応CF.VF，VII図版第
20反応VF.YF，X図版第24反応FMp）。湧き上がってくるネガティブな感情
や自分についての思いにとらわれないようになれば（すなわち，L＝0.25が
もう少し高くなれば），より効果的な情報処理になるかもしれない。

8　媒介過程（認知的媒介）

　現実検討力も決して悪くはない（ステップ1：XA％＝0.76，WDA％＝
0.78）。ただ，やはり，情緒的な影響により，判断が悪くなることがある（ス
テップ3：X-％＝0.24，マイナス反応；色彩カード＝4，図版の最初の反応
＝4）。自己主張を押さえて周囲に気を配る人にしては意外なことに，平凡
反応は少ない（ステップ4：P＝3）。多くの人と同じ，わかりやすい，簡単
な見方よりも，個人的な，独特な見方をする傾向がある（ステップ6：X＋％
＝0.40，Xu％＝0.36）。これは，大部分の反応に投映が生じていたこととも
整合する。独創性や個性の発揮というよりも，個人的な思いにとらわれた，
自己否定的な判断のしやすさを示していると考えた方がよいだろう。

9　思考

　内向型で，よく考えたうえで意思決定をする人であることはすでに見たと
おりだが（ステップ1：EB＝6:3.5，L＝0.25），そうした思考タイプのよさ
を邪魔してしまう特徴もいくつか見られる。一つは思考の柔軟性の乏しさ
である（ステップ3：a:p＝3:12）。ものごとを別の角度，多様な視点からと
らえ直すことがなかなかできず，考え方や価値観は変わりにくい。たとえ
ば，悲観的な考え方（ステップ4：MOR＝3）や，これまでに示唆されてき
た自己批判的なとらわれから抜け出すことが難しい。もう一つは，思考活動
が現実的な課題解決から目をそらす働きをしている点である（ステップ6：
Ma:Mp＝1:5）。悲観的な思考からネガティブな感情が生じ，そうした辛い
現実から逃れるために，さらに思考活動が用いられている。おそらく同様の
理由により，思考がまとまらなくなり，注意力や集中力がそがれている（ス
テップ5：FM＋m＝9（FM＝5，m＝4））。思考活動は比較的洗練されてい

る（ステップ11）。しかし，個人的なとらわれや感情により，ときに混乱してしまうこともあるようである（ステップ8：Sum6 = 5（DR = 4，FAB = 1），WSum6 = 16，ステップ10：M- = 1）。FABは欲求を観念活動に置き換えたもの（III図版第8反応：プードル，にらめっこ）であり，DRは何らかの刺激（おそらく損傷感や不全感：IV 10「木がなぎ倒されて」，VI 16「お墓」，VIII 21「セミ」，X 25「死んだ子ども」）に対処しようとして思考が脱線してしまったものである。これは先の仮説を裏付ける結果である。

10　結果をまとめる

　心理的に相当な苦痛や混乱を体験し，それが現在は何らかの状況の影響で強められている。この苦悩の中核にあるのは，自責，自己批判，恥，低い自己肯定感などである。これまで，知性化，回避，否認などのさまざまな防衛の方略によって，そのインパクトを軽減させようとしてきた。そうした防衛の手段によって統制力を保てていたし，苦痛は周囲に気づかれにくかったと思われる。しかし，現在，これまでの防衛の手段が通用しなくなり，本人も苦痛に直面することになっている。

　自己イメージにも自責，自己批判，恥などの感覚が付きまとい，自然な感情の発露，自由闊達な振る舞い，自己主張を抑制してしまっている。一方，対人関係においては，他者を求め，他者に頼りたいという思い（受動依存）がありながら，人とは距離を取っておきたいという警戒的な姿勢も同居させている。この葛藤ははっきりとは意識されず，むしろ，頼りたいという自然な欲求を切り離すことによって，葛藤を回避し，心理的安定を得ようとしているものと思われる。その帰結として，他者との関係は表面的で儀礼的なものとなり，本来の依存欲求は犠牲にされている。

　認知機能はおおむね良好である。情報の取り入れには十分なエネルギーを使い，その効率もおおむねよい。現実検討力も悪くなく，思考は比較的洗練されていて，明晰である。しかし，一方では，自己批判的な見方，個人的感情やとらわれが，情報の入力の質の低下，判断の歪み，思考活動の混乱などをもたらしてもいる。その結果，注意散漫や集中力の低下が生じている。

自責や恥の感覚がどうしてもたらされるようになったのか，その理解のためには生育歴や家族関係などに関して注意深く情報を得ることが望ましい。

11　アセスメント事項について検討する

1）ロールシャッハ・テストの結果からはAのパーソナリティについてどのように記述できるか

前項10を参照されたい。

2）上の結果を踏まえると，Aの主訴についてどのように理解できるか

　Aは自分の中の自然な感情や欲求を切り離し，それらに気づきにくくなっている。その結果，自身の自由闊達さ，無邪気さ，生き生きとした感情，自己主張が犠牲にされているが，これらはいわゆる「子どもらしさ」に相当するものである。そのため，長男がはしゃぎ，わがままを言うなど，「子どもらしさ」を示せば示すほど，Aはそれを受け止められず，長男をかわいく思えずに苦しむことになっている。つまり，Aは長男そのものを受け入れられないのではなく，自分が切り離した「子どもらしさ」の対処に苦慮していると考えられる。

3）Aに対してどのような支援を行うのが適切か

　中長期的な視点に立てば，Aが自分の中の「子どもらしさ」に気づき，それを自分の中に統合できるようになることが大切と思われる。そのためには，どうして自分の中の自然な感情や欲求を切り離すことになったのかを理解することが必要だが，ロールシャッハ・テストの結果からだけでは十分なことはわからない。他の検査や面接を通して，Aと一緒に慎重に検討していくことが望まれる。

　また，現在の環境が，Aが自己主張をしたり，甘えて頼ったりすることを容認し，助けてくれるものなのか，注意深く査定しておきたい。夫の理解と協力はAの心理機能の回復によい影響を与え，初期段階での支援につながる可能性があるので，とりわけ，夫のサポートについての評価は重要である。

文献

Exner, J.E. (2001)：A Rorschach Workbook for the Comprehensive System Fifth Edition. Rorschach Workshops.（中村紀子・西尾博行・津川律子監訳（2003）：ロールシャッハ・テスト ワークブック（第5版）. 金剛出版）

Exner, J.E. (2003)：The Rorschach：A Comprehensive System, Volume 1, Basic Foundations and Principles of Interpretation, 4th Edition. New York：Wiley.（中村紀子・野田昌道監訳（2009）：ロールシャッハ・テスト——包括システムの基礎と解釈の原理. 金剛出版）

Fowler, J.C., Piers, C., Hilsenroth, M.J., Holdwick, D.J., & Padawer, J.R. (2001)：The Rorschach suicide constellation：Assessing various degrees of lethality. Journal of Personality Assessment 76；333-351.

中村紀子・大関信隆（2016）：ロールシャッハ・テストSweet Code Ver.2——コーディングシステム. 金剛出版.

クライエントの姿を立体的に描き出すために

五十川早苗（公益財団法人 松原病院）

「新しいロールシャッハ法があるらしい」という情報を得て，先輩心理士と共に『現代ロールシャッハ・テスト体系』（1992）の上下巻を読み始めたのは，私が精神科病院に入職した1994年のことです。その翌年には中村紀子先生を福井にお招きして，施行法やコーディング，解釈の基礎を学び，以降何度も中村先生に教えを乞い，包括システムでロールシャッハ・テストを実施するようになりました。その後，一緒に学ぶ仲間を増やそうと，「福井ロールシャッハ研究会」を立ち上げて，月1回の勉強会も始めました。

私が包括システムを学ぶ上で，同じ職場の心理士全員が包括システムを一緒に学び，コーディングや解釈についての疑問をその場で質問したり確認したりできたことは大きな助けになりました。そして私たちが熱心に包括システムを学び，積極的にロールシャッハ・テストを実施していることを知って，医師がアセスメントの指示を次々と出したくれたことは強力な後押しになりました。そのおかげで鍛えられ，アセスメントが楽しくなって，私にとってロールシャッハ・テストはクライエントを理解し，支援計画を立てるための最強のツールとなったのです。

とはいっても，未だに満足のいくレポートを書くことはなかなかできません。自分がわかったと思ったことも，実際口に出したり文字にしてみると，うまく伝えられない，伝わらないと感じることが多いのです。これにはクライエントがフィードバックの際に語ってくれる体験を丁寧に聴いて，構造一覧表と重ね合わせて理解し，それをまたフィードバックしていくプロセスが大切なのだろうと思います。クライエントの語りは，ロールシャッハ・テストの変数がその人の実際の生活や人生の中でどんな形で表れるのかを教えてくれます。無機質な変数が血の通った意味のあるものになっていくのを感じます。

最初に中村先生から事例の解釈を学んだときに感じたような「クライエントの姿が立体的に見える！」レポートが書けることを目標に，今日もロールシャッハ図版を手に面接室に向かいます。

第5章
ロールシャッハ・テスト
による解釈の実践

　本章では，包括システムによるロールシャッハ・テスト認定資格制度のレベル2（中級/CPCS-2）の理解度確認のための試験において，実際に使用された架空事例を用いて，支援計画を導き出す流れを解説する。

　試験問題は，①コーディング，②構造一覧表の作成，③解釈仮説の適用，④支援計画作成の4部構成となっているが，ここでは支援計画作成の前提となる解釈のプロセスを中心に解説する。

Ⅰ．架空事例

1　事例の概要
1) 38歳，男性，会社員。高等専門学校（理系）卒業。既婚。

2) 産業医（精神科医）からの紹介状の概要
　半年以上続く不眠やイライラといった抑うつ状態に加えて，休職の勧めを頑なに拒んでいる。自殺未遂歴が1回あり，自殺のリスクも含めて本人の理解を深めるために心理検査を依頼する。抗うつ剤，眠剤の処方あり。

3）これまでの経過

　代々農業を営む家庭で三人兄弟の次男として出生した。兄弟仲はよく，多忙のために会うことは減ったが，折々電話で連絡を取っている。現在の家族は妻と小学生の男児2人である。結婚して12年となる。これまで大きな身体疾患はなく，頭部打撲を含めた事故歴もない。

　高等専門学校を卒業後に入社した会社ではいろいろな仕事を経験して，たたき上げで昇進してきた。実直で地道な仕事ぶりが評価されて，1年前に同期の中では最も早くプロジェクトマネージャーとして部下20名ほどを率いる部門のリーダーとなった。しかしその頃から，時間に追われ，期限内に仕事を済まさなければならないので，部下の動きをしっかりと把握しておこう，要領よく作業を済ませようと，チーム全体の動きを掌握するのに手間がかかって残業が急激に増えていった。ここ半年は帰宅が深夜に及ぶことが日常的になり，不眠傾向になった。食欲がなくなり，疲れが取れずに，徐々に抑うつ状態となった。そのような折，期限の迫ったプロジェクトの作業が遅れていることを苦に，家に帰ると「死にたい」と言うことが増えた。

　この状態が3カ月ほど続き，食事も睡眠も不規則で疲労困憊している夫を見て妻が心配して，かかりつけ医（内科医）に相談したところ，うつ病ではないかと言われた。妻は，夫に受診を勧めたが暇がないと断られた。しかし，いよいよプロジェクトの仕上がりの遅延を顧客に説明しに行かなければならない日に，自宅で首を吊ろうとしていたのを妻に発見された。妻が会社に連絡し，産業医（精神科医）が6カ月の休職を勧めたが，本人は納得しないため，心理アセスメントを判断の材料とすることとなり，産業医の勧めで心理検査受検となった。

4）心理検査場面

　心理検査前に本人は現状について，次のように述べた。「気力が出ない。自分はやる気があると思っていたが，自分でも自分がわからなくなった。今までは頑張って克服してきたので，休職を勧められても休んで解決するものではないと思っている。対人関係は表面的には問題ないが，心から安心でき

ているか，深いつながりがあるかというと，この年になるまでなかったように思う。仕事はパッととりかかって，パッと終えられるような，終わりが見通せる仕事が一番安心できる。緊張すると思ったことが思ったように話せなくなり，頭が働かなくなることが多い」。なお，心理検査の受検歴はなく，心理検査を含めた臨床心理学の専門知識はない。

2 コーディング

1) プロトコル

図版	反　　応	質　　問
I	1　チョウチョ （反応はすべてが正位置）	E：（反応を繰り返す）〈以下同様にて略〉 S：これが普通2枚あるうちの羽の1枚で，これがもう1枚。触角でむしろガみたいかな。 E：触角でむしろガというのを教えてください。 S：汚いから，黒の羽が汚くて羽の周りがちぎれているみたいだから。
	2　怪物の顔みたいの。あ，さっきのは，チョウというよりガですね。	S：目と牙（Sを指す）子ども番組に出てくるような（笑）。
II	3　山の上の家みたい。	S：この形，近代的な家みたいな形。 E：「山の上の」というのはこの図版でどう見たらいいですか。 S：山の中腹位にある。何か高いところにあるという感じ。
	4　ロケットにも見える。	S：ロケットが飛んで上に上がるところ。これがロケットで上がっている。
III	5　人が2人いて臼で一緒に何かやっているところ。女性かな。	S：黒人の女性が2人で穀物を粉にしている。臼が真ん中にあって，これが顔で，胸で，手と足かな。 E：「黒人」に見えたのを教えてもらえますか。 S：胸が出ていて着物をまとっていない感じ。
IV	6　マンガの怪獣です。	S：両手があって，尻尾があって，顔があって手かなんか知らないけど。 E：マンガのというのはどう見たらいいですか。 S：ええ，マンガっていうか怪獣の着ぐるみ。よく怪獣映画に出てくるんです。人が中に入っている。足が2本あって尻尾はあるのかどうかわからないけれど，手があって。
	7　右下と左下にあるのがゴリラに見える。	S：ここが顔でここにあるシミみたいのが目で，ここが鼻です。顔の部分だけ毛がないですね。 E：顔の部分だけ毛がないのはこの図版でどう見たらいいですか。 S：この辺りは毛です。ここは毛でトゲトゲしているから。

図版		反　応	質　問
V	8	これもチョウチョみたい……ガ，ガですね。	S：さっきのよりこれはガによく似ている。ガらしいガ，触角がちゃんとついているし。ちょっと羽が狭すぎる。羽が半分に切られてしまっている。
	9	カタツムリ。	S：角で，からだの部分。
VI	10	∨　こう見ると，これは貝，貝みたい。貝の吸盤。下が頭になっているみたい…サザエとか，そんなのみたい。	S：魚屋の水槽のガラスにくっついているでしょう。何貝っていうのかは知らないけれど，それで，顔出して（D3）いるんですよ。カタツムリみたいに顔出しているんですよね。 E：サザエはどう見たらいいですか。 S：ええ，これがサザエの貝殻（D1）です。 E：ガラスにくっついているのはどう見たらいいですか。 S：この辺平らな感じがくっついているように見えたんです。
	11	少し大きく見えるんですが，ギターではないけど，三味線のような昔中国にあったような弦楽器。この飛び出ている部分は考えないで。	S：ここが弦を張るところで，黒く塗装されていて中国にこんな弦楽器があったように思う。
	12	トマトが食われたようなもの。何かの野菜。トマトかスイカ。円形になっていたのが，食われていびつになってるけど。上はへた。	S：こう……円形になっていてトマトのような野菜。こういうところ（6カ所のヘリ）が食われた部分。上がへたの部分で，本当は丸い野菜が，かなりいびつになってしまっている。
VII	13	サナギ…あ，何かの幼虫が2匹。	S：何かのサナギみたい。くびれがあって。 E：この図版で説明してもらえますか。 S：頭で胴で後ろの方。
	14	馬の足に付ける金具。	S：これ全体が足のつま先と同じような形をしているから。
VIII	15	生き物か何かが2匹対称に置かれて，何かを登っているみたいな感じ。	S：四つ足の物に見えてしょうがない。1，2，3，4つの足。それが登っているような感じ。ネズミでもないなあ。何かの動物ですね，よくわからないけれど。
	16	トンボの顔かな。	S：トンボの顔は複眼ですから，この白い所が複眼らしい。ここが口，ここよくわからないけれど。
IX	17	……何だろうこれ，何に見えるんだろう……難しい……（長い pause）……何かこぼれて広がっているところ。	S：顔にも見えないし，何にも見えないから，こういう色の赤茶とか緑とかピンクのジュースとかお茶とか何か飲み物を間違ってこぼしてしまい，飲み物が駄目になっている。こうヒューと（D5）こぼれて周りに広がっている。全体で他に何もイメージが浮かばなかったんで。
	18	そうでなければ，色と色が混じり合っていると，こう気持ち悪いです。オレンジと緑とか，赤い緑とかで。	S：今までは何かしらに見えてたけど，ずっと見ても見えてこなくて，ここら辺やこれはきれいな混じり方ではなく不愉快な混じり方だなーと思ったんです。 E：この図版でどう見たらいいですか。 S：これとこれオレンジと緑，こっちはピンクと緑がにじんで混ざっちゃってますよね。

図版		反　　　応	質　　　問
X	19	何かクモとかバッタとかそういう昆虫の集まりみたい。甲虫類，カブトムシ。	S：これが虫に見えてしょうがないんです（D8）。甲虫類，カブトムシ。全体は顔にも何にもみえなかったんで，一つひとつ見ると虫に見えて仕方ないんです。これはイモムシ（D9），顔が大きくて身体，足，吸盤のついた足に見える。 E：クモを教えてください。 S：いっぱい足があって，だからクモ（D1）。 E：バッタはどう見たらいいですか。 S：頭，羽の部分。手足を縮めてて安定しない，触角2つで，尻尾，ここが透き通った羽のよう，濃いところの隣が薄くなっていて，内側の羽は薄くて透き通って見えるんです（D12）。

2）ロケーションチャート

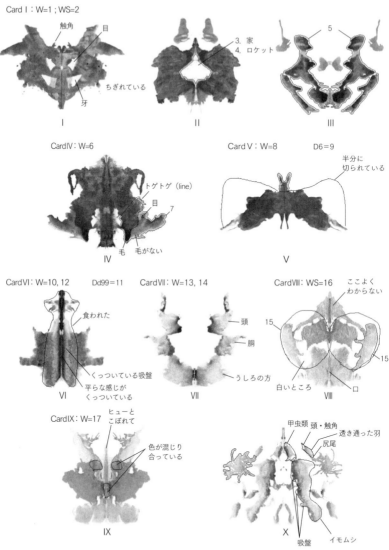

Card I：W=1 ; WS=2

触角　目

3. 家
4. ロケット

5

ちぎれている

牙

I　　　　　II　　　　　III

CardIV：W=6　　　　CardV：W=8　　D6=9

半分に
切られている

トゲトゲ（line）
目
7

毛　毛がない

IV　　　　　V

CardVI：W=10, 12　Dd99=11　CardVII：W=13, 14　CardVIII：WS=16　ここよく
わからない

食われた

頭
胴

15

くっついている吸盤
平らな感じが
くっついている

うしろの方

白いところ　口

15

VI　　　　　VII　　　　　VIII

CardIX：W=17　ヒューと
こぼれて

甲虫類　頭・触角

透き通った羽
尻尾

色が混じり
合っている

吸盤　イモムシ

IX　　　　　X

Ⅱ. 試験問題と解答用紙（試験当時のもの）

CPCS レベル 2-A 確認試験問題用紙

1　問題用紙の枚数の確認等

　係員から合図があるまで，問題用紙をめくってはいけません。試験開始の直前に，係員が問題用紙の枚数確認を指示します。落丁等を発見した場合には係員に申し出てください。

2　試験の制限時間と途中退出について

　試験の制限時間は 3 時間です。体調不良等の場合は，係員に申し出てください。

3　試験中の通信機器の使用制限について

　試験中は，携帯電話などの通信機能付きの機器の使用を禁止します。

　一般的な電卓の使用は許可します。パソコン（タブレットを含む）は不許可とします。

　また，通信機能付きの電卓（スマートフォンの電卓機能）や，関数電卓にコードのエラーチェック機能や構造一覧表算出ソフトを導入して使用することも不許可とします。

4　書籍，辞書，ノートの使用について

　ロールシャッハ・テストに関する内容を含む書籍（書き込み済可），辞書，ノートを見ながら試験を受けることは許可しますが，電子辞書の使用は禁止します。

5　受験番号及び氏名

　受験番号及び氏名を以下にご記入願います。

受験番号：＿＿＿＿＿＿＿＿＿＿＿＿＿＿＿＿＿＿＿＿＿＿＿

氏名：＿＿＿＿＿＿＿＿＿＿＿＿＿＿＿＿＿＿＿＿＿＿＿＿＿

出題1：事例概要（別紙1），PROTOCOL（別紙2）及び Location Chart（別紙3）を踏まえ，
SEQUENCE OF SCORES（解答用紙1）に記入し，完成させよ。採点は，米印（※）で示した３５箇
所で行うので，判別しやすい文字で記入すること。なお，米印（※）で示した３５箇所のいくつかは，
空欄のままが正解となる。余計な記入があった場合，減点の対象となる。
→解答用紙1は，p.100に掲載

出題2：出題1を踏まえ，STRUCTURAL SUMMARY 及び CONSTELLATIONS WORKSHEET
の中から抜粋した以下の９題について，解答欄に数字を記入せよ。

問2－1　S-CON =　　　　　　　　　　問2－2　PTI =

問2－3　DEPI =　　　　　　　　　　　問2－4　CDI =

問2－5　Adj D =　　　　　　　　　　　問2－6　Zd =

問2－7　Afr =　　　　　　　　　　　　問2－8　WDA% =

問2－9　Blends:R =　　　　　:19

注：STRUCTURAL SUMMARY 及び CONSTELLATIONS WORKSHEET を補助用紙として
配布しますが，解答はこの問題用紙にご記入ください。補助用紙に記入しても採点はしませんので
ご注意願います。試験終了時，補助用紙も回収します。補助用紙は使用しなくてもかまいません。

出題３：以下の１４題について，それぞれ５つの選択肢の中から最も適切なものを１つ選び，解答欄にアルファベットを記入せよ。

問３－１
この男性の解釈戦略の順番として，最も適切なものを以下の中から１つ選べ。

解答欄

A　対人知覚＞自己知覚＞統制＞感情＞情報処理過程＞媒介過程＞思考
B　感情＞統制＞自己知覚＞対人知覚＞情報処理過程＞媒介過程＞思考
C　統制＞状況ストレス＞対人知覚＞自己知覚＞感情＞情報処理過程＞媒介過程＞思考
D　統制＞対人知覚＞自己知覚＞感情＞情報処理過程＞媒介過程＞思考
E　情報処理過程＞媒介過程＞思考＞統制＞感情＞自己知覚＞対人知覚

問３－２
この男性の思考に関する記述として，最も適切なものを以下の中から１つ選べ。

解答欄

A　思考は奇妙で混乱している。
B　ストレスを感じる状況下では，知性化を主な防衛手段として用いる。
C　不快な状況に対処するときには決まって空想への逃避という手段を用いる。
D　思考や価値観はたいていの人より柔軟性がなく，変わりにくい。
E　思考に悲観的な構えがある。

問３－３
この男性の自己知覚に関する記述として，最も適切なものを以下の中から１つ選べ。

解答欄

A　自己愛的で，自己の価値観を過大に評価しやすい。
B　自分に対する評価が低く，ネガティブな特徴へのとらわれがあり，そのことが苦痛をもたらしている。
C　身体に強い関心を寄せている。
D　完全主義へのとらわれがある。
E　外界に対する不信感があり，警戒心が強い。

問 3 － 4
この男性の対人知覚に関する記述として，最も適切なものを以下の中から 1 つ選べ。

解答欄 [　　　　]

A　深い孤独感や情緒的渇望を抱いている。
B　対人交流を競争的・攻撃的なものとして見がちである。
C　依存的で，他者からの指示やサポートをあてにし，他者に対してかなり甘い期待をしがちである。
D　対人場面では，知ったかぶりをして知識をひけらかすような傾向がある。
E　対人場面では，受動的な役割を好む。

問 3 － 5
この男性に関する記述として，最も適切なものを以下の中から 1 つ選べ。

解答欄 [　　　　]

A　感情刺激を避ける傾向が非常に強い。
B　価値観や態度が非常に変わりにくい。
C　不注意であることを避けようとするあまり，意思決定において不必要な迷いを生じがちである。
D　思考は奇妙で混乱している。
E　現実を否認するために空想を濫用しすぎる。

問 3 － 6
この男性に関する記述として，最も適切なものを以下の中から 1 つ選べ。

解答欄 [　　　　]

A　症状の誇張や病気を装っている（詐病）可能性を疑う必要がある。
B　意思決定に際しては，試行錯誤的な行動よりも，熟慮を好む。
C　強迫的なまでに完全主義である。
D　外界に対する不信感が強く，対人関係は非常に警戒的である。
E　時間をかけて注意深く周りの状況を捉えるように促す必要がある。

問3－7
この男性に関する記述として，最も適切なものを以下の中から1つ選べ。

解答欄

A たいてい状況に適した対人行動をとることができる。
B 大きな目標を掲げているようだが，それは彼の能力を超えてはいない。
C 誇大な自己価値観を抱いている。
D 自殺についてのとらわれの可能性について，注意深く，速やかに調査する必要がある。
E 深刻な認知的・神経心理学的な問題の存在が疑われる。

問3－8
この男性に関する記述として，最も適切なものを以下の中から1つ選べ。

解答欄

A 状況を踏まえて，適切な行動を選択するための統制力が十分に機能していない。
B 社会的に適応できているかどうかは別として，本来は強固なストレス耐性が備わっている。
C 感情を表現することに過度に用心深くなったり，感情を内にこもらせてしまう傾向が，現在の過負荷状態の源になっている。
D 支離滅裂で非合理的な思考をしがちである。
E 一時的に記憶を保持する能力が損なわれており，ついさっき自分が口にしたことについてすら確信が持てない。

問3－9
この男性に関する記述として，最も適切なものを以下の中から1つ選べ。

解答欄

A 感情面でのストレスが大きいと感じられる状況では，それを軽減，中和させようとして，感情を思考のレベルで処理しようとしやすい。
B 状況に関連した出来事のために感情が不安定になったり，混乱している。
C 一般の人より空想にふけることがはるかに多い。
D 感情的な刺激を避けているわけではないものの，普通の人以上に感情の表出を抑制し，その結果生じる苛立ちに苦しんでいる。
E 実情にふさわしくないようなポジティブな感情に当てはめたり，情緒的な意味づけをすることによって，心の苦痛や不快感もしくは感情的な刺激の存在を否認する傾向がある。

問3－10
この男性に関する記述として，最も適切なものを以下の中から1つ選べ。

解答欄

A 社会的に未熟で，対人場面では頻繁に困難にぶつかってしまいやすい。
B 意思決定をするにあたっては，慎重で的確な理屈を必要とし，なるべく試行錯誤的な行動をとらないようにする傾向がある。
C 意思決定の大半が，感情の強い影響を受けている。
D 不快な状況に対処するときには決まって空想へと逃避し，責任や意志決定を回避しがちである。
E 他者から好感を持たれ，社交的な人と見られている。

問3－11
この男性の統制力に関する記述として，最も適切なものを以下の中から1つ選べ。

解答欄

A 何らかの情緒的な喪失体験により，統制力はいつもと比べると低下している。
B 慢性的に統制力の問題を抱えており，特に感情面で衝動性を示す可能性が高い。
C 主張性訓練により対人関係のスキルが向上すれば，統制力の問題は改善される。
D 欲求を自己統制できず，すぐに行動化してしまいやすい。
E 不安や緊張が一時的に強まっているが，これらが軽減されれば統制を失うことはない。

問3－12
プロジェクトの進行の遅れに対するこの男性の捉え方はどのようなものと予想されるか。最も適切なものを以下の中から1つ選べ。

解答欄

A 部下の無能さのせいだという他罰的な受け止め。
B 今は遅れているが，ここを乗り切ればなんとかなるはずだという自信。
C もっと多くの情報を集めなければどうしていいのか判断できないという困惑。
D うまくできていないことへの自責の念。
E 上司が自分に難題を押し付け，失脚させようとしたのではないかという疑念。

96

問 3 － 1 3
以下のうち，この男性に該当し，「チーム全体の動きを掌握するのに手間がかかって残業が急激に増えていった」ことと最も関係があると考えられる変数を 1 つ選べ。

解答欄

A OBS＝Yes
B L＜0.30
C Zd＞+3.5
D DQ+＜5
E Pure H＜2

問 3 － 1 4
この男性が休職に納得しなかった理由として考えられることとして，最も適切な記述を以下の中から 1 つ選べ。

解答欄

A 自分の状態を含め，現状について十分把握できていない。
B 野心的で，プロジェクトを完成させて名を上げたいという思いが強い。
C とにかく休むべきではないと頑なに思い込み，その考え方を変えることができない。
D 脅威や不快をもたらす現実を否認し，楽観的でいようとしている。
E 主観的には辛さを感じていない。

出題4：この事例の男性の支援計画を作成せよ（記述式）。支援計画の読者は，包括システムによる
ロールシャッハの解釈にあまりなじみのない産業医（精神科医）を想定すること。記述は箇条書き
でもよいが，判別しやすい文字で記入すること。本用紙の両面を使用してもよい。採点に際しては，
指摘すべき点を，もらさずに指摘していることを重視する。

お疲れさまでした。問題は以上です。

解答用紙 1　　（受験番号：　　　　　　　　）　氏名：　　　　　　　　　（　　　　　）

SEQUENCE OF SCORES

Card	Resp. No.	Location	DQ	Loc. No.	Determinant(s)	FQ	(2)	Content(s)	P	Zscore	Special Scores
I	1	W	o		FC'	o		A		1.0	MOR
II	2							※1			※2
	3	※3									
III	4				※4			※5	※6	※7	※8
	5		※9		※10		※11		※12		※13
IV	6							※14	※15	※16	※17
V	7					※18	※19	※20			
	8										
VI	9	D	o	6							
	10				※21						
VII	11	Dd	o	99							
	12				※22						※23
VIII	13										
	14										
	15				※24	※25					
IX	16		※26								
	17		※27		※28	※29		※30			※31
X	18	※32			※33						
	19				※34				※35		

迷った点、お気づきの点があれば、こちらにご記入願います。→（　　　　　　　　）

100

III. 問1〜3の正解

1 問1（コーディング）の正解

問1-1…（Hd），問1-2…GHR，問1-3…DS，問1-4…ma，問1-5…Sc，問1-6…空欄，問1-7…空欄，問1-8…空欄，問1-9…＋，問1-10…Ma，問1-11…（2），問1-12…P，問1-13…COP，GHR，問1-14…（H），問1-15…P，問1-16…2.0，問1-17…GHR，問1-18…−，問1-19…（2），問1-20…Ad，問1-21…FMp，問1-22…FC'，問1-23…MOR，問1-24…FMa，問1-25…o，問1-26…o，問1-27…v，問1-28…mp. CF，問1-29…−，問1-30…Fd，問1-31…MOR，問1-32…Dd，問1-33…99，問1-34…FMp. FV，問1-35…P

2 問2（構造一覧表）の正解

問2-1…9，問2-2…2，問2-3…6，問2-4…5，問2-5…−1，問2-6…−6.5，問2-7…0.36，問2-8…0.65，問2-9…3

3 問3（解釈仮説の適用）の正解

問3-1…A，問3-2…E，問3-3…B，問3-4…C，問3-5…A，問3-6…E，問3-7…D，問3-8…A，問3-9…B，問3-10…A，問3-11…B，問3-12…D，問3-13…D，問3-14…A

IV. 構造一覧表等

スコアの継列

Card	Resp. No.	Location and DQ		Loc. No.	Determinant(s) and Form Quality		(2)	Content(s)	P	ZScore	Special Scores
I	1	W	o		FC'	o		A		1.0	MOR
	2	WS	o		F	u		(Hd)		3.5	GHR
II	3	DS	o	5	F	u		Sc			
	4	DS	o	5	ma	o		Sc			
III	5	D	+	1	Ma	o	(2)	H, Hh	P	3.0	COP, GHR
IV	6	W	o		F	u		(H)	P	2.0	GHR
	7	D	o	6	F	–	(2)	Ad			
V	8	W	o		F	o		Ad		1.0	MOR
	9	D	o	6	F	u		A			
VI	10	W	o		FMp	–		Fd		2.5	INC
	11	Dd	o	99	FC'	u		Sc			
	12	W	o		F	–		Fd		2.5	MOR
VII	13	W	o		F	–	(2)	A		2.5	
	14	W	o		F	u		Sc		2.5	
VIII	15	D	+	1	FMa	o	(2)	A, Id	P	3.0	
	16	WS	o		F	–		Ad		4.5	
IX	17	W	v		mp. CF	–		Fd			MOR
	18	Dd	v	99	C. Y			Id			
X	19	D	o	1	FMp. FV	o		A	P		INC

Printed by SweetCode Ver. 2.1.1

構造一覧表

LOCATION FEATURES

Zf	=	11
ZSum	=	28.0
ZEst	=	34.5
W	=	10
D	=	7
W+D	=	17
Dd	=	2
S	=	4

DQ

+	=	2
o	=	15
v/+	=	0
v	=	2

FORM QUALITY

	FQx	MQual	W+D
+	= 0	= 0	= 0
o	= 7	= 1	= 7
u	= 5	= 0	= 4
–	= 6	= 0	= 6
none	= 1	= 0	= 0

DETERMINANTS

Blends

mp. CF
C. Y
FMp. FV

Single

M	=	1
FM	=	2
m	=	1
FC	=	0
CF	=	0
C	=	0
Cn	=	0
FC'	=	2
C'F	=	0
C'	=	0
FT	=	0
TF	=	0
T	=	0
FV	=	0
VF	=	0
V	=	0
FY	=	0
YF	=	0
Y	=	0
Fr	=	0
rF	=	0
FD	=	0
F	=	10
(2)	=	4

CONTENTS

H	=	1
(H)	=	1
Hd	=	0
(Hd)	=	1
Hx	=	0
A	=	5
(A)	=	0
Ad	=	3
(Ad)	=	0
An	=	0
Art	=	0
Ay	=	0
Bl	=	0
Bt	=	0
Cg	=	0
Cl	=	0
Ex	=	0
Fd	=	3
Fi	=	0
Ge	=	0
Hh	=	1
Ls	=	0
Na	=	0
Sc	=	4
Sx	=	0
Xy	=	0
Id	=	2

APPROACH

I	=	Wo.WSo
II	=	DSo.DSo
III	=	D+
IV	=	Wo.Do
V	=	Wo.Do
VI	=	Wo.Ddo.Wo
VII	=	Wo.Wo
VIII	=	D+.WSo
IX	=	Wv.Ddv
X	=	Do

SPECIAL SCORES

	Lv 1	Lv 2
DV	= 0 x 1	0 x 2
INC	= 2 x 2	0 x 4
DR	= 0 x 3	0 x 6
FAB	= 0 x 4	0 x 7
ALOG	= 0 x 5	
CON	= 0 x 7	

Raw Sum6 = 2
Wgtd Sum6 = 4

AB	= 0	GHR	=	3
AG	= 0	PHR	=	0
COP	= 1	MOR	=	4
CP	= 0	PER	=	0
		PSV	=	0

Ratios, Percentages, and Derivations

3 : Control and Tolerance

R = 19		L = 1.11	

EB	= 1:2.5	EA	= 3.5	EBPer	= ***
eb	= 5:4	es	= 9	D	= –2
		Adj es	= 8	Adj D	= –1

FM	= 3	SumC' = 2	SumT = 0
m	= 2	SumV = 1	SumY = 1

* Consider the case of [Avoidant Type] (R = 19) .

4 : Affect

FC:CF+C	= 0:2
Pure C	= 1
SumC':WSumC	= 2:2.5
Afr	= 0.36
S	= 4
Blends:R	= 3:19
CP	= 0

1 : Interpersonal

COP = 1	AG = 0
GHR:PHR	= 3:0
a:p	= 3:3
Food	= 3
SumT	= 0
Human Content	= 3
Pure H	= 1
PER	= 0
Isolation Index	= 0.00

7 : Ideation

a:p	= 3:3	Sum6	= 2
Ma:Mp	= 1:0	Lev 2	= 0
2AB+Art+Ay	= 0	WSum6	= 4
MOR	= 4	M–	= 0
		M none	= 0

6 : Mediation

XA%	= 0.63
WDA%	= 0.65
X–%	= 0.32
S–	= 1
P	= 4+(0)
X+%	= 0.37
Xu%	= 0.26

5 : Processing

Zf	= 11
W:D:Dd	= 10:7:2
W:M	= 10:1
Zd	= –6.5
PSV	= 0
DQ+	= 2
DQv	= 2

2 : Self-Perception

3r+(2)/R	= 0.21
Fr+rF	= 0
SumV	= 1
FD	= 0
An+Xy	= 0
MOR	= 4
H:(H)+Hd+(Hd)	= 1:2

☑ **S-CON = 9**   PTI = 2   ☑ DEPI = 6   ☑ CDI = 5   ☐ HVI = No   ☐ OBS = No

Printed by SweetCode Ver. 2.1.1

特殊指標の布置

S-Constellation (Suicide Potential):

☑ Check Positive if 8 or more conditions are true:
Note: Applicable only for subjects over 14 years old.

☐ FV+VF+V+FD [1] > 2
☑ Color-Shading Blends [1] > 0   *cf. S-S Blends [0]*
☑ 3r+(2)/R [0.21] < .31 or > .44
☑ MOR [4] > 3
☑ Zd [-6.5] > +3.5 or < -3.5
☑ es [9] > EA [3.5]
☑ CF+C [2] > FC [0]
☑ X+% [0.37] < .70
☑ S [4] > 3
☐ P [4] < 3 or > 8   *cf. (P) [0]*
☐ Pure H [1] < 2
☐ R [19] < 17   <u>S-CON : 9</u>

PTI (Perceptual-Thinking Index):

☑ (XA% [0.63] < .70) and (WDA% [0.65] < .75)
☑ X-% [0.32] > .29
☐ (Sum Lv2 Special Scores [0] > 2)
   and (FAB2 [0] > 0)
☐ (R [19] < 17) and (WSum6 [4] > 12)
   or (R [19] > 16) and (WSum6 [4] > 17)
☐ (M- [0] > 1) or (X-% [0.32] > .40)

<u>2 Sum PTI</u>

DEPI (Depression Index):

☑ Check Positive if 5 or more conditions are true:

☑ (FV+VF+V [1] > 0) or (FD [0] > 2)
☑ (Col-Shd Blends [1] > 0) or (S [4] > 2)
   cf. S-S Blends [0]
☑ (3r+(2)/R [0.21] > .44 and Fr+rF [0] = 0)
   or (3r+(2)/R [0.21] < .33)
☑ (Afr [0.36] < .46) or (Blends [3] < 4)
☐ (SumShading [4] > FM+m [5])
   or (Sum C' [2] > 2)
☑ (MOR [4] > 2) or (2*AB+Art+Ay [0] > 3)
☑ (COP [1] < 2)
   or ([Bt+2*Cl+Ge+Ls+2*Na]/R [0.00] > .24)

Affect	= [3/5]	Int.Pers.	= [1/2]	
Cognition	= [3/5]	UnComp.	= [1/1]	<u>8/13</u>

CDI (Coping Deficit Index):

☑ Check Positive if 4 or 5 conditions are true:

☑ (EA [3.5] < 6) or (Adj D [-1] < 0)
☑ (COP [1] < 2) and (AG [0] < 2)
☑ (Weighted Sum C [2.5] < 2.5)
   or (Afr [0.36] < .46)
☑ (Passive [3] > Active+1 [4])
   or (Pure H [1] < 2)
☑ (Sum T [0] > 1)
   or (Isolate/R [0.00] > .24)
   or (Food [3] > 0)

Resource	= [2/2]			
Affect	= [0/2]	Int.Pers.	= [4/6]	<u>6/10</u>

HVI (Hypervigilance Index):

☐ Check Positive if condition 1 is true and least 4 of the others are true.

☑ (1) FT+TF+T [0] = 0

☐ (2) Zf [11] > 12
☐ (3) Zd [-6.5] > +3.5
☑ (4) S [4] > 3
☑ (5) H+(H)+Hd+(Hd) [3] > 6
☐ (6) (H)+(A)+(Hd)+(Ad) [2] > 3
☑ (7) H+A [7] : Hd+Ad [4] < 4 : 1
☐ (8) Cg [0] > 3

OBS (Obsessive Style Index):

☐ (1) Dd [2] > 3
☐ (2) Zf [11] > 12
☐ (3) Zd [-6.5] > +3.0
☐ (4) Populars [4] > 7   *cf. (P) [0]*
☐ (5) FQ+ [0] > 1

☐ Check Positive if one or more is true:

☐ Conditions (1) to (5) are all true
☐ (2 or more of (1) to (4) are true)
   and (FQ+ [0] > 3)
☐ (3 or more of (1) to (5) are true)
   and (X+% [0.37] > .89)
☐ (FQ+ [0] > 3) and (X+% [0.37] > .89)

Printed by SweetCode Ver. 2.1.1

Ⅴ．解釈の実践

1　心理アセスメントにおけるトリアージ

　心理アセスメントには優先して検討すべき事項がある。まず，「命」が守られるかという視点である（津川，2018）。包括システムの構造一覧表には「自殺の可能性」（S-Constellation）がある。実際に自死された方々のプロトコルから共通性の高かったものを，高い方から順番に並べてある布置（constellation）のことである。ロールシャッハ・テストを受けてから60日以内に自殺既遂した59人のプロトコルから11の変数が抽出され，その後の追加サンプルを含めた計101人のデータに基づいて現在の12の変数からなる布置が示された（Exner, Martin & Mason, 1984）。

　カットオフ値は8個以上の該当で陽性となるが，自殺群には20〜25％の偽陰性が含まれており，8個より少ないからといって危険を軽視すべきではない（p.70を参照のこと）。

　検査者はこの12の変数を承知しておくことが望ましい。対象者がテストを終えて部屋から出る前に，自殺のリスクを確かめることができる。その具体的な方法は，津川（2020）による「精神科医療における心理アセスメントの6つの視点『Ⅰトリアージ』」を参照されたい。

　さて，架空事例の産業医からの依頼内容は，「自殺未遂歴が1回あり，自殺のリスクを含め，対象者の理解を深める」ことにあった。架空事例の「自殺の可能性」を示す布置は9で，しかも上位4つの最重要項目中3つが該当しており，自殺の危険は依然として高い。そのため，産業医や心理職（以下，「支援者等」という）は対象者との定期的な面接を約束し，次の予約を通常より早めに設定するなど，自殺を予防するための危機管理のレベルを上げる必要がある。

2　鍵変数による解釈戦略

　包括システムでは，クラスター解釈を採用している。クラスターは「統制力とストレス耐性」「感情の特徴」「媒介過程（認知的媒介）」「思考」「情報

処理過程」「対人知覚」「自己知覚」（加えて「状況関連ストレス」）と命名されている（第4章p.52「Ⅱ．解釈の手順」も参照）。解釈にあたっては個々の対象者にとって，特に影響力が大きく，重要と考えられるクラスターから順に検討する。その順序は12の鍵変数ごとにあらかじめ決められている（p.55 第4章の表4-1参照）。この架空事例の場合，1番目の鍵変数（知覚と思考の指標 Perceptual-Thinking Index：PTI > 3）には該当しないが，2番目の鍵変数（抑うつ指標 Depression Index：DEPI > 5かつ，対処力不全指標 Coping Deficit Index：CDI > 3）に該当しているため，対人知覚→自己知覚→統制→感情→情報処理過程→媒介過程（認知的媒介）→思考の順に検討することになる。

　各クラスターは，それぞれp.57第4章の表4-2のように，5～16のステップに分かれている。各ステップの解釈仮説に当てはめ，臨床像を浮かび上がらせていくが，それぞれの数値から読み取れる特徴を列記するだけでは不十分である（第4章の「概念的統合」p.58～参照のこと）。

　たとえば仮に，協力的な運動（COP）が非患者成人の平均値よりもかなり多いとしても，それだけをもって，他者と関わることをポジティブに受け止めていて，容易に他者と関わることができる人だと結論づけることは早計である。もし，COPのみならず，攻撃的な運動（AG）も多く，かつ，空想的な人間反応や人間の部分反応ばかりで，現実的な人間の全体反応がまったくなかったとしたら，前述の解釈はそのまま適用すべきではない。単一変数による解釈仮説は疑わしく，信頼性に欠けるものになる。複数の変数や値を組み合わせて考える必要がある。また，解釈上の矛盾を生じさせる他の変数がある場合，その理由を考慮し，支援計画を整える必要が出てくる。以下に支援計画の作成のプロセスを示す。

3　支援計画の骨格

　鍵変数は，クラスターの順序の決定のみならず，支援計画の骨格作りに重要な役割を担う。

(1) 鍵変数では，DEPIとCDIを同時に検討する。Exner（2003/2009）によれば，うつ病による初回入院患者315人中，DEPIとCDIのどちらかの指標に該当するのは全体の93％であり，内訳は，DEPIが陽性でCDI陰性が50％，両方陽性が25％，CDIのみ陽性が18％であったとされる。しかし，再入院患者は，初回入院時にCDIが陽性だった者が79％と突出しており，治療効果を向上させるために，対人関係のスキルや適応の問題も同時に扱う必要のある一群が存在することが明らかになった。CDI陽性に反映される社会的な対処力不全は，2〜3カ月の短期間の治療では変化しないものの（Exner & Sanglade, 1992），適切な治療方針と治療の機会が得られれば，ほとんどの場合，予後の変化は好ましいとされている（Weiner & Exner, 1991）。<u>DEPIが陽性のときはCDIも陽性であるか否かに着目</u>して支援計画を考える必要がある。架空事例は<u>DEPI＝6</u>（下位項目8/13が該当）で中程度に高い値で陽性となり，かつ，<u>CDI＝5</u>も同時に該当していた。これらから年齢相応の社会的な役割を果たす対処力に限界が生じやすい特徴を併せもつことを踏まえた上で，慢性的な抑うつ状態と自殺のリスクマネジメントを行う必要がある。

(2) <u>D＜Adj D</u>が該当している。現在のストレス耐性（D）は－2と深刻で，本来のストレス耐性（Adj D）も－1であり，<u>ストレス状態が慢性化</u>していることが示されている。現状では，ストレス耐性が低下しているため，何をやってもうまくいかないという感覚に圧倒されたり，思いがけないミスを頻発させたりする可能性がある。「自殺の可能性」が高いことを踏まえると，支援者等は対象者が<u>衝動的に行動化する</u>ことも念頭に置き，ストレスを緩和するための環境調整に，速やかに着手する必要がある。支援者等との定期的な関わりを維持し，睡眠，食事，生活リズムを整えるように促しながら，回復の度合いを計ることが望まれる。

(3) 対象者は『パッと取り掛かって，パッと終えられる，終わりが見通せる仕事が安心』と述べていたが，そのメカニズムは次のように推察される。L＞0.99に該当しており，できるだけ物事を複雑にせずに単純化することで課題をこなす「ハイラムダスタイル」に該当する。<u>課題解決に利用</u>

できる資質が成人に期待される数値の半分程度（現実体験 Experience Actual：EA＝3.5）であるため，「ハイラムダスタイル」は，この対象者の資質に合致した方略である。ただし，部分的な請負仕事をこなしている間は，任される仕事や対人関係も限定的であり，本人らしく最善を尽くすことで対処できたが，このようなやり方は仕事の複雑さが増すと通用しにくくなっていく。昇進後，仕事の複雑さが高じ，対人的な対処も込み入ったものとなる中で，この対象者の心理機能では立ち行かなくなったと考えられる。支援計画では，これらを「未熟なパーソナリティ」として一言でまとめてしまわずに，構造一覧表の各クラスター内の変数をステップごとに検討し，対象者の心理特性を把握した上で，改善のための指針を示すことが求められる。

　なお，ハイラムダスタイルは，現在の過負荷状態における防衛として機能している可能性がある。治療が進むにつれて，徐々にMやPureHが増え，L（ラムダ）の値はやや下がることが期待されるが，これは中長期的な目標である。その一方で，PureCやm，Yが増えるなどして，ハイラムダスタイルが予想よりも早く崩れ始めた場合には，衝動的な行動化の危険を考えた方がよい。

4　介入の糸口と指針

　支援計画では対象者の強みや利用可能な資質に着目することも必要である。架空事例には以下のような強みがある。

(1) 社会からの期待を考慮しようとする（P＝4，すべて図版の最初の反応）。
(2) 人に対して肯定的な期待をもち，周囲からもよい人だとの印象をもたれやすい（GHR＞PHR）。
(3) 情報を意欲的に収集しようと努力する構えがある（Zf＝11，W傾向）。
(4) 情報を処理する際のパターンが規則正しい（図版に対するアプローチの乱れが少なく，乱れたのは図版VIと図版VIIIのみ。領域選択の継列が一貫している）。

しかしながら，架空事例には，以下のような弱みがある。

　解釈戦略の順序を踏まえると，まず対人面では，他者の素振りを間違って解釈してしまいやすく，人間関係で失敗し，周囲から孤立しやすい（PureH = 1）。人と連携して事に当たり，協力して事態を解決するための素地が乏しい（COP = 1, M = 1）。また，人と比べて自分が劣っていると受け止めがちで（自己中心性指標 = 0.21），対応できないことに悲観的（MOR = 4）で自責的（V = 1）になっている。現実に即した自己理解が十分ではなく（H:(H) + Hd + (Hd) = 1:2），あまり客観視できていない（FD = 0）。ストレスが慢性化し，それが対象者にとっての当たり前となり，ストレスがなかった頃の心の状態を見失っている（Adj D > D）。主観的には苦悩し，辛さを感じていると考えられる上に（D = − 2），対人的な依存希求は通常よりも強いにもかかわらず（Food = 3），適切な形で依存を表現することができず（3個のFood反応のすべてがマイナス反応），依存にまつわるダメージや挫折が見受けられる。感情を伴う経験は苦悩に満ちていて（すべての色彩反応はストレスブレンド：C. Y と mp. CF），慢性的な統制力不全があり（Adj D = − 1），特に感情面で統制を失いやすい（FC:CF + C = 0:2, PureC = 1）。感情のコントロールや調節に問題を抱え，感情を揺さぶられる状況は避けようとし，ハイラムダスタイルとあいまって，複雑な場面を苦手とする傾向がある（Afr = 0.36）。感情を伴う経験は漠然としていて，他人にも伝わりにくい（すべての色彩反応の発達水準は DQv）。対象者は『今までは頑張って克服してきたので，休職を勧められても休んで解決するものではないと思っている』と語っていた。確かに，努力を惜しまず，最善を尽くそうとする傾向が強いことは検査結果からもうかがえるが（Zf = 11，W 傾向），高い達成欲求とはうらはらに，計画を練ったり，自分の考えを主張したりする力はそれに見合っていない（W:M = 10:1）。その上，不注意による見落としや失敗が多く，努力しても成果を出せず，徒労感を募らせやすい（Zd = − 6.5）。これらの心理特性が慢性的な抑うつ状態を生む要因となっており，自殺未遂の背景にあるものと考えられる。

5 支援計画のまとめ

　検査結果からは慢性的な抑うつ状態と自殺のリスクマネジメントについて早急に対応することが必須である。対象者の前向きで努力家、社会的常識を踏まえているなどのよい特性は尊重しつつも、睡眠、食事、生活リズムが整い、やる気が出る感覚がつかめるまで、当面は支援者等との定期的な関わりの中で休養をとることが必要である。

　これまで対象者が好んで用いたと思われる方略（物事を単純化することで課題をこなす）は、『パッと終えられる仕事』には対応できても、現在の役職においては通用しにくくなっている。物事に対して意欲的に取り組み、周りの期待に応えようとする傾向がある一方で、この前向きな面を現在の仕事で発揮するには、計画性や情緒的安定性などの裏付けが薄い。弱音を吐かず、自己犠牲的に頑張ることで自分の不足を補おうとするのは一見、美徳のようだが、熟慮によるミスのない対応とはなりにくく、現在の役職では思うような成果を得られずに自責の念を募らせ、ストレスをため込む結果となりやすい。中長期的には、他からも意見や手助けを得て、物事を臨機応変かつ確実に進めていくやり方やコツを学ぶのも、将来的に役立つ新しい方略となる。対象者が『緊張すると思ったことが思ったように話せなくなり、頭が働かなくなることが多い』と自覚していることは、辛いことかもしれないが、支援計画を考える上では介入の端緒となりうる。前項「介入の糸口と指針」で示した心理特性についての理解と自覚を促し、人とのつながり方やストレスに圧倒されない方略について支援者等と具体的に工夫し、方法を体得していくことが、遠回りのようだが、パーソナリティに組み込まれた抑うつ傾向から脱却する近道と思われる。

6 支援計画作成上のポイント

　特性上の弱みに合致した改善のための指針の正解は1つではなく、さまざまなアプローチの仕方が考えられる。たとえば、産業医がいるような規模の大きな会社であれば、適材適所の観点から、対象者がかつて活躍できていた業務内容のポストも用意できるのではないだろうか。リフレーミング[注1]

などにより，対象者が挫折感や自責の念を抱くことのないように配慮しながら，これまでの対処スタイルを維持させ，環境調整を先行させるアプローチもあってよい。他方で，山口（2021）が指摘しているように，「復職を希望するクライエントは少なくない一方で，求められる仕事を遂行する責任や人間関係から一定のストレスがかかることもある」。森・黒沢（2002）のSolution-Focused Approachにおけるクライエントとセラピストの関係でいえば，架空事例は「ビジター・タイプ（人事課に指示されて本当は受診したくないのに，うつ病の疑いでいやいやに来院したケースなど）」に相当し，通院を継続させる工夫が必要である。

　野田（2021）はプロフェッショナルの極意と技法として，「専門家として期待されるのは，ただアセスメント結果をわかりやすく伝えるだけではなく，クライエントと対話し，主体的な意思決定ができるように手助けすることである」としている。組織のニーズと対象者のニーズのバランスを考慮し，現実に即した支援計画を提案することが求められる。津川（2018, 2020）は，心理特性を把握することに留まるのではなく，いま目の前の対象者に起こっていること（here and now）や，なぜこのような状態となっているのかを説明し，「対象の心理的特徴を多角的に捉えて，援助戦略につなげること」を心理アセスメントと定義している。Exner（2000）は，「援助計画のための費用対効果分析」において，8つの視点を示しており，これらを承知しておくことが望まれる。

【援助計画のための費用対効果分析】（津川（2018）による要約）
①症状または主訴
②個人のパーソナリティ等。特にプラスの資質とマイナス要因
③現在の症状が急性のものか慢性化しているものか
④治療もしくは変化への動機づけの強さ

［注1］物事を見る枠組み（フレーム）を変えて，違う視点で捉え，ポジティブに解釈できる状態になること。

⑤長期・短期の援助目標の優先順位
⑥援助目標ごとに利用できる援助方法は何か
⑦本人にとっての心理的および社会的コスト
⑧援助に要する金銭的負担

VI. 合格者が作成した支援計画 （実際の解答例）

本章の最後に，これまでに実施された理解度確認のための試験の合格者の了解を得て，実際の解答例を掲載する。試験の合格水準を示すだけでなく，心理検査の依頼に対する報告例としても参考になると思われる。

本事例の対象者（以下Aさん）について，心理検査の結果とともに支援計画を報告します。

まず，心理検査の依頼理由である自殺のリスクについては，非常にリスクの高い状態であることが示唆されました。ロールシャッハ・テスト施行後60日以内に自殺既遂した人のデータを分析した際，8個以上の変数が該当するとリスクが高いという布置に関して，Aさんは9個該当し，かつ，リスクの高い変数が大半を占めていました。さらに，ストレスが付加されコントロールができず，衝動的に行動化するリスクが極めて高いと思われます。ただちに，病棟のある精神科へリファーしていただき，Aさんの保護のため，入院も含めた判断をお願いしたい状態と思われます。

元来は，手順があらかじめ決められ，何をすべきか明白な環境の中で，地道に業務をこなしていくのが得意なタイプの方です。また，受身的で上司に頼りながら指示を受ける方が合っています。今回の発症のきっかけは，職場環境が変わり，人の上に立って，リーダーとして責任をもって全体を見通しながら，多くの情報を取り入れ，統合させることが求められている配置転換によるものと推測されます。どちらかというと，多面的に情報を取り入れ統

合させ，部下をとりまとめ，調整するような対人関係は得意ではないので，今回の異動は，Aさんにとって，得意ではないことをしなければいけなくなり，過ストレス状態になり，うつ状態に至ったと思われます。

　現在は自分がどのような立場に置かれているのか考える判断力も低下しています。元来，真面目なAさんは，今までどおり，とにかく仕事をこなせば乗り越えられると思って，休むことも拒んでいるものと思われます。物事を論理的に筋道たてて解決していくのが苦手なタイプであり，現在は抑うつ指標も高く，感情が思考に影響を与えていることから，なんとか仕事をしようとしても，適切に考えることができない状態になっています。

　自殺のリスクをまず取り除き，抑うつ症状や自殺念慮がなくなり，回復した後，職場の配置について上司との話し合いをもち，Aさんの強みに合った環境に変えることや，復職支援プログラムにのせることも検討できればと思います。

文献

Exner, J.E., Martin, L.S., & Mason, B. (1984)：A review of the Rorschach Suicide Constellation. 11th International Congress of Rorschach and Projective Techniques, Barcelona, Spain.

Exner, J.E., & Sanglade, A.A. (1992)：Rorschach changes following brief and short-term therapy. Journal of Personality Assessment 59 ; 59-71.

Exner, J.E. (2000)：治療計画におけるロールシャッハの適用. 包括システムによる日本ロールシャッハ学会誌 4 ; 2-20.

Exner, J.E. (2003)：The Rorschach : A Comprehensive System, Volume 1, Basic Foundations and Principles of Interpretation, 4th Edition. New York : Wiley. (中村紀子・野田昌道監訳 (2009)：ロールシャッハ・テスト――包括システムの基礎と解釈の原理. 金剛出版)

Weiner, I.B., & Exner, J.E. (1991)：Rorschach changes in long-term and short-term psychotherapy. Journal of Personality Assessment 56 ; 453-465.

津川律子 (2018)：面接技術としての心理アセスメント. 金剛出版.

津川律子 (2020)：改訂増補 精神科臨床における心理アセスメント入門. 金剛出版.

野田昌道 (2021)：ケースを語る. 臨床心理学 121 ; 27-30.

森俊夫・黒沢幸子 (2002)：解決志向ブリーフセラピー. ほんの森出版社.

山口創生（2021）：［福祉］優先すべきは治療か生活か？臨床心理学 121；44-48.

参考文献

包括システムによる日本ロールシャッハ学会公式WEBサイト会員専用ページ．
　　コーディングQ&A．http://www.jrscweb.com（2023年3月15日取得）
中村紀子・大関信隆（2016）：ロールシャッハ・テストSweet Code Ver.2――コー
　　ディングシステム．金剛出版．
中村紀子（2010）：ロールシャッハ・テスト講義Ⅰ――基礎編．金剛出版．
中村紀子（2016）：ロールシャッハ・テスト講義Ⅱ――解釈編．金剛出版．

臨床力を育んだ包括システム

野村邦子（聖母病院）

「これからは包括システム！」と病院臨床に就いたばかりの私に，ちょうど来日されるエクスナー博士のワークショップを先輩から紹介され，参加しました。目の前で包括システム（CS）を誕生させたその人が講義してくださっている！　それだけでも奇跡的でした。

1994年には包括システムによる日本ロールシャッハ学会（JRSC）が設立され，その会員となり，学びの場が広がりました。日本にCSを根づかせようと高い熱量で教える諸先生方の講座に足繁く通いました。職場では「まだ勉強を始めたところで」と釈明していましたが，依頼が頻繁に入り，検査を取っては，今見れば背筋が寒くなるような「解釈本を参考にクラスターに沿って言葉を並べた」未熟なレポートを作成していました。

どうやったらもっと深くロールシャッハを読み込めるのか，どうしたら精神科医（のちには患者）が読めるレポートに仕上げられるのか，検査結果を心理面接に生かすとはどういうことか，研鑽を積み，気づけば「包括システムワールド」へグイグイと引き込まれていました。

職場は病床を持っておらず，外来には病的に重篤というよりは，神経症的でパーソナリティの特性が影響を与え，症状を呈する患者も多くいました。自分を理解したいという患者のニーズが高く，それを実現しようとする私のチャレンジがある意味ぴったりと重なり，そこにCSは有効に働いていました。

CS本体が臨床に有効であるという魅力もさることながら，CSを通して出会えた「人」と「場」の存在は私にとって大きく，就職以後の学びの環境が私の臨床スタイルへ影響を与えてきました。心理職ひとり職場で，臨床力もかなり心細かった私をずっと支え，習得が容易でないがゆえに，挑戦し甲斐があったCSのトレーニングをずっと継続してこられたのは，さまざまな現場でCSを使う仲間と出会え，豊かな交流があったおかげでした。心からの感謝を申し上げます。

第6章
めくるめくロールシャッハの世界
レジェンドに聞く!

話し手　中村紀子（中村心理療法研究室）

聞き手　小澤久美子（仙台家庭裁判所）［司会］
　　　　小倉菜穂子（八王子メンタルクリニック）

1　エクスナー，そして包括システムとの出会い

1）はじめてのエクスナー

小澤　今日は，ロールシャッハ・テスト，特に包括システムのこれからについて中村紀子先生からお話をうかがいます。最初にこれまでのことを，それから未来についてお話を進めていきたいと思います。

　まず，包括システムはどうやって日本に入ってきたのでしょうか？中村先生は，アメリカに留学された際にジョン・E・エクスナー先生と出会われたと聞いておりますが，いつ頃のお話になるのでしょうか。

中村　ありがとうございます。実は私，留学は全くしていなくて，いわゆる若い人たちがやる"プチ家出"（笑）みたいな感じに，日本から飛び出して，エクスナー財団のワークショップに行っていたんです。

　1987年に初めて，アメリカ合衆国の東端，アパラチア山脈沿いの南側あたりにあるシャーロットという小さな町で行われた基礎講座のワークショップを5日間受講しました。それから2005年まで，

おおむね19年間で18回のワークショップに参加しました。行かなかったのは，中村心理療法研究室を中村伸一と始めた年だけです。精神的にも，経済的にも慎重にという時期だったので，さすがに"プチ家出"もやめて，じっとしていたのがこの1年間です。だから「留学」なんてかっこいいものや正統なものではなく，私の我を満たすための自己主張の繰り返しが全部で18回だったんです。大抵8泊9日とかで行っていましたね。

　ちなみに2005年のワークショップには，エクスナー先生はご病気があまり思わしくなくて，もう登壇されていなかったんです。でも，エルドバーグ先生の講義中に少し顔を出して，スクリーンに出ていた事例のデータを見て，「あー，この人は，こうだからこうだね」みたいなことをパパッと風のように言って，「じゃあね」みたいな感じでお帰りになったんです。「ああすごいな。データをちょっと見ただけでこの人のことがわかるのだな」と思いましたね。それが亡くなる1年前のワークショップでした。そして，エクスナー先生が2006年に亡くなってからは行っていません。

小澤　最初にワークショップに参加したきっかけは何だったんですか。

中村　1981年に私が師事していた秋谷たつ子先生が，ロールシャッハの国際大会で発表をされました。それが私と中村伸一がちょうど結婚した時期なんですね。それで，あろうことか新婚旅行に近いような感じで，秋谷先生のかばん持ちとしてアメリカ・ワシントンへ行って，ISR [1] の第10回大会に参加したんです。エクスナーともそこで初めてお会いしました。

　私の個人的な包括システムとの出会いは，秋谷先生がきっかけでした。当時，秋谷先生はロールシャッハを厳しく教えることで有名な「秋谷塾」を開いておられて，私は秋谷先生のもとで，順天堂大

---

[1] ISR：国際ロールシャッハ及び投映法学会（International Society of the Rorschach and Projective Methods）の略称。

学病院の精神科病棟の患者さんの心理検査をとっていたんです。午前中に検査をとって，午後はそのロールシャッハのテープを聞きながら，みんなでコーディングをチェックして，翌週にはレポートを提出するというトレーニングを受けていました。そういう臨床教育のほかに，文献講読といって，文献を読んで発表をしたり，合宿で1冊を読んで，みんなで内容を検討していました。その中の1つが，『The Rorschach : A Comprehensive System』（1974年）でした。これを読んだときに，私は初めて包括システムに触れたんです。

　そのときの私の分担が，「自己中心性指標」が含まれている箇所だったんです。そこで私は，もうすごく惚れこんで。「同じロールシャッハなのに，こんなことを考えて，こんなやり方で自己中心性指標などというものができあがって，その人の自己評価の部分にたどり着くのか！」「なんてすごいことを考える人が，アメリカにはいるんだ！」という感じで，同じロールシャッハとは思えなくて，もう目から鱗が落ちる体験となりました。そういう状態でワシントン大会に行ったら，目の前にエクスナーという人がいて。秋谷先生のかばん持ちだったはずが，もはや"推しを追っかける"みたいなモードに変わっていきました（笑）。

小澤　「エクスナー推し！」という感じだったんですね。

中村　もう「これが，かのエクスナーだ！」みたいな感じで，彼が何か話すところには，全部這って出ました。それから，エクスナー本人だけでなく彼のお弟子さんと思しき人が，どんな研究をしているのかも聞いて。お弟子さんたちは，割とフランクに「ジョン，ジョン」と呼んで，みんな楽しげに話しているんです。その様子を見て，「あんなに大変なロールシャッハが，どうしてこんなに楽しそうなの？」と，秋谷塾でのロールシャッハの学びと，エクスナーとお弟子さんたちの学びのギャップにすごくびっくりしたんです。そして帰国後に，みんながどんな研究をしているのかを調べてみたんです。すると，本当に身近で疑問に思ったことを研究として取りあげていて驚

きました。そんなことが帰ってきてからわかって，ますます心が動いたんですね。

2）ロールシャッハをやめる前に……

中村　ISRのワシントン大会では，エクスナーを追っかけていたときに，ある女性に「あなた何しているの？」と声をかけられたんです。「いや，私，ロールシャッハを学んでいるんですけれど，今まだ子どもが産まれたばかりで……」と答えた途端に，その人が，「えっ，子どもが産まれたばかりで，ここに来ているの？」と言って，そのままその女性がエクスナーに私を紹介してくれたんです。

　私，その瞬間に「私のアイデンティティって何だろう？」って気がついて"ザワッ"としたんです。「子どもを産んだばかりのママです」「秋谷先生のもとでロールシャッハを学んでいます」，正直それしか言えなかった。何もやってなかったので，そのとき。これが私にとって，とても大事なスタートだったんだと思います。「私って，ロールシャッハを勉強しているけれど，それで何になるのだろう？」みたいな感じ。ロールシャッハについて知りたいなって思ったけれど，ロールシャッハを勉強して，それで私って何？　というアイデンティティをウロウロした感じになり，ワシントンからはすごくいろいろなテーマをもらって帰国しました。

　当時エクスナーは「アラムナイニューズレター」を発行されていて，そこにはエクスナーとアーヴィング・B・ワイナーが，いつどこでどういうワークショップを開催するかという年間予定表が載っていました。それを私の自宅に届くように，エクスナーに紹介してくれた女性が親切に登録してくれたんですよ。それが1981年でした。

　でも私がワークショップに行き始めたのは1987年で，6年ほど空くんです。なぜ1987年に行ったかっていうと，そのとき，ロールシャッハをやめようと思っていて……。というのは，病棟でテストをとって，翌週にはレポートを提出するのですが，そのときちょう

ど2つのレポートを抱えていたんです。当時は私の力量がなかったので，ずっと手ほどきいただいた通りに，言われた通りに解釈を進めていくと，一人目と二人目のレポートが，ほぼ同じになっちゃうの。別の人にテストをしているのに，何が違うのっていう感じで。つまり，全然わかっていないから，見えてくるものがなくて。ものすごく苦労して，ものすごく時間をかけてレポートを書いたはずなのに，「AさんとBさんの何が違うの？」って，提出する前に自分で見て愕然として……。もうこれは，無理だろうという状況に……。

小倉　ロールシャッハから離れたいと思ったのですか？

中村　そうです。実はこれが私にとってはすごく大きくて。なぜかと言うと，大学院に入学したそのときに秋谷塾に入ったんですね。だから，修士の単位は正直なところ上の空で，秋谷先生の勉強会が最優先で，大学院の授業や単位は片手で回していました（笑）。とにかく全力で秋谷先生の期待に応えられるように1週間を過ごす，みたいな生活だったんです。だから，この2つのレポートを自分で見て，「今まで何をやっていたんだろう。一生懸命やってきたつもりだったけれど，これが結末ならやめたほうがいい」と思って。本当にいよいよ，「私は何をやっているんだろう？」と。当時はすでに結婚もして子どももいたので，産後は授乳しながら文献を翻訳したりしていたんですね。「勝手に無理をしたり，勝手にいろいろやったりしていたのは一体なんだったんだろう……」みたいな。

　昔は洗濯機が二槽式だったので，脱水するために洗濯槽から脱水槽に洗濯物を移さなきゃいけなかったんですが，ある日，洗濯物を移しているときに，ぱっと洗面所の鏡に自分が映ったのね。そしたら，私，目が死んでいたんですよ。それで，自分を生かすためにはどうしたらいいんだ？　とにかく「甦れ！　私！」みたいな感じで，甦る方法として思いついたのが，ロールシャッハをやめるなら，「来たら，どう？」と言われていた，あのエクスナーのワークショップに行ってみようと。やめるにあたっての儀式というか，ご褒美とい

うか，その発想も今思うと変だなと思うんですけどね（笑）。

3）包括システムに心惹かれて

小澤　ここまで学んできたロールシャッハと離れていいのか？　それを確認するためのワークショップ参加だったのですね。

中村　そうです。それで，届いていたニューズレターを調べて，5日間の基礎講座がシャーロットでしか開催されていなかったので，そこへ行ったんです。

　エクスナーは，1970年代はコーディングやノーマルのデータを集めて，1980年代にどう解釈するのかっていう研究の集大成をされていたんです。当時エクスナーは，しばらく基礎講座には登壇されていなかったんですが，シャーロットでは，「解釈の仕方について面白い発見があったので，前よりもうまく教えられると思うから，僕がやります」って出てきて，たまたまその基礎講座の講師が5日間全部エクスナーだったんです。5日間，天にも昇るような気分でした。でも，朝の8時半からワークショップが始まるので，昼の3時ぐらいになると背骨から眠くなるんですよ，時差で（笑）。だからとにかく一番前の席でかぶりついて。

　さらに英語の理解の問題もあったので，「自分でしか聞きませんから復習用に録音してもいいですか？」って許可をいただいて。当時はカセットテープだったので，カセットテープを日数分どっさり持って行って録音していました。一番前の席に陣取って，眠らないようにカチャカチャ録音しながら熱心に聞いていると，エクスナーが「そうだよね」とか時々話しかけくれて。よく「推しと目が合いました！」って言う女の子がいるじゃない？　あれですよ（笑）。もうますます夢中になって，もう眠らないようにして，エクスナーが「ね？」って言ったときに「はい！」って答えられるようにスタンバイして。そ

中村紀子先生

れが結構ずっと続きましたね。

　そして，自己中心性指標以上に，クラスター解釈に心惹かれて惚れ込みました。「君たち，鍵変数を見つけて，いつも同じところから同じように解釈するのはやめなさい」っていうのが，その解釈に関しての最初のひと言だったんですね。でも，私はそれをやっていたんですよ。いつも同じところから同じように解釈するから，AとBのレポートが同じになってしまう。これは私の力不足に起因するんですけど。私にとって「同じところから解釈しない」というのは大きなキーワードでした。その人にとって最も重要な心理学的な部分っていうのがあるから，そこを見つけて，その人はほかの人と違ってどういう人なのかを見つけた上で，だんだんとほかのクラスターを見ていくと，ほぼ最後のクラスターっていうのは，おおむねみんなと一緒になっていくよと。そういう解釈の仕方をしようと。ロールシャッハの解釈をするときに相手のパーソナリティをわしづかみにする，そのやり方に私の心が再びわしづかみにされちゃったんです。

　エクスナーは英語でしゃべっていても，数値は数値じゃないですか。だから，「この数値はこうなっていて，前はこうだったよね」って言われるとわかりやすくて。構造一覧表のクラスターを見ると，英語でやりとりした，会ったことも見たこともない別カルチャーの人なのに，わかるような気がするんです。そのクラスターで，この人の重要なところが私にも伝わってくるということは，ひょっとすると，日本でも同じかもしれないって思いました。だって，アメリカで定義されたDSMを日本でもそのまま使っているわけじゃない？だからここで学んだロールシャッハを日本で使ってみる価値はあるなってすごく思って。帰ってきてからは，まず包括システムの勉強会から始めることにしたのです。

　つまり，ロールシャッハをやめるつもりの儀式として包括システムのワークショップに行ったのに，ロールシャッハをやめるのをやめて，包括システムを始めることにしました。そして，身近な藤岡

淳子さんや佐藤豊さんなどの数人に「包括システムを知っちゃったんだけど，これがすごくいいと思うから一緒に勉強しない？」って声をかけて。当時は教科書も日本語になっていなかったので，毎週木曜日の19時に集まって，ワークブックを読みながらコーディングして，テキストのケースを見て，みんながそれぞれ担当して発表するような形式で勉強会をしていました。

2　JRSC設立の黎明期

小澤　包括システムを知ったことで，「もう1回，ロールシャッハを学び直そう」となって，それがエクスナー先生を小田原に呼んで開催された日本初のワークショップにつながるんですね。

中村　そうです。

小倉　エクスナー先生を小田原に呼んだのはいつ頃で，先生はおいくつ位だったんですか？

中村　1992年で，私は35，36歳くらいでした。エクスナーには，ワシントン大会で追っかけ回したときも，「遠い日本から来ているんじゃないか」とか声をかけてもらって，ワークショップではさっき話したように，前の席でかぶりついて録音しながら聞いていたから，「よく来たね，遠い日本から。何時間かかったの？」なんて話していただいたりしていたので，覚えてもらえていたんです。

小澤　1987年から，毎年のように包括システムのワークショップへ行かれるようになって，1992年にエクスナー先生を日本に呼ぼうと。

中村　そうそう。だんだん一緒に行く仲間も増えて。途中から佐藤豊さんと毎年一緒に参加して，あとは藤岡淳子さん，松森基子さん，紀恵理子さん，佐藤尚代さん。あと，二橋那美子さんも一緒に行ったことがありました。

小澤　包括システムによる日本ロールシャッハ学会（JRSC）設立メンバーになりますね。

中村　ええ。エクスナー先生の最後のワークショップのときには，野田昌道さん，板橋毅さんも一緒に行きました。そんな感じで私以外にもエクスナー先生のワークショップを経験された方が結構いらっしゃるんです。1991年のアシュビルのワークショップに参加したときに，エクスナー先生に「日本においでいただけますか？」って交渉したら「じゃあ，行こうか」とご快諾いただきました。

小澤　なるほど。じゃあ，こちらから出向いて，エクスナー先生との関係を築いて，エクスナー先生も「あのメンバーがいるんだったら日本へ行ってみようかな」となったんですね。それが1992年だったと。

中村　そうです。1992年に小田原へいらっしゃったときに，今後も継続的に教育をしてほしい，というお願いをしたところ「イエス」のお返事をいただいて。その際に「君たち，日本にはこんなにロールシャッハの歴史があるのに，学会がないって，すごく不思議だよ。世界に名だたる長い歴史があるにもかかわらず，なぜ学会がないんだ？」とおっしゃられて。「わかりません」と答えたら，「待ってたら，学会はできるの？」って言われて，「いや，わかりません」みたいなやり取りをしていたら，「じゃあ，あなたたちがつくったらいいんじゃないの？」って，恐ろしい宿題をいただいたんです。そして1993年にポルトガルで開催されたISR第14回大会でJRSCを学会として団体登録したんです。

小澤　だから，国内でのいろいろな活動に先立って最初にISRに加盟という流れになるんですね。

中村　ええ。そのときに「日本ロールシャッハ学会」ではなく，「包括システムによる日本ロールシャッハ学会」（Japan Rorschach Society for the Comprehensive System：JRSC）と団体登録をしたんです。

小澤　包括システムを学んだり，包括システムを広めたりする学会ですよ，ということを明らかにするために？

中村　その通りです。当時は，身近にいた人たちに「この指とまれ！」って言って，26人くらいの方に集まってもらえました。エクスナー

にも「それだけいれば十分」と言われて。なぜエクスナーがそんなに積極的に学会設立を後押ししてくれたかというと，ポルトガルのリスボン大会から6年間，1999年まで，エクスナーがISRの会長だったんですよ。

小澤　1999年までエクスナー先生がISRの会長で？

中村　そうです。3年任期を2期務められていました。ちょうどISRの会長だったし，熱心な日本人グループが包括システムの学会をつくるからって，保証人として私たちのうしろ盾になってくださったんですね。そして，学会の初代会長は誰にしようかと困っていたら，確か藤岡さんの案だったと思うんですけど，「霜山徳爾先生（上智大学名誉教授）になってもらおう」という話になって。藤岡淳子さんも，佐藤豊さんも，私も上智の臨床のグループでお世話になっていたので。

小澤　そうなんですね。

中村　それで，霜山先生のところへ，恐る恐る3人でお願いに行って。霜山先生もロールシャッハをご存じだったし，ご理解があったんです。だから，若造の私どもが，「こういう展開になりまして，事務的なことは全部こちらでやって，一切ご迷惑をおかけしないので，会長に……」とお願いしたら，二つ返事で「どんどんやりなさい」っておっしゃってくださって。

小澤　それが1994年JRSCの第1回の年次大会につながっていくわけですね。

中村　そうです。

小澤　第1回大会は，ワイナー先生が記念講演をされておられました。ビッグな方々をいきなり呼んで，ものすごい大きな花火を打ち上げたなあと印象に残っています。世界的にも，ISRの会長であるエクスナー先生が「日本で学会をつくろうよ」と働き掛けてくださったのですね？

中村　はい。エクスナーがそんなふうに応援してくれたのは，私個人のつ

ながりもあると思いますが，1992年の小田原のワークショップの経験が大きいと思います。ワークショップは，アジアセンターという施設で受講者50人全員が寝泊まりしながら，朝から夕方まで講義を受けて，宿題をやる時間には，チームの人がティーチングをして，夜食もとりながら学んでいました。しかも参加者全員が，ポケットガイドを持っていたんです。当時，ポケットガイドの日本語版はないから，アメリカの自分のロールシャッハ研究所で売っているポケットガイドを全員が持っていて，パパっと開いて調べて，軍隊とかじゃないですけれど，ビシッとしていて，パッと言えば，パッとわかると。「なんと意欲的で，熱心で，日本の50人はすごい！」と，エクスナーから信用を得たんだと思います。

小澤　そうやってJRSCが立ち上がって，初代を霜山先生，2代目を空井健三先生（中京大学教授），そして3代目を2003年から中村先生が務められて。今，4代目が野田昌道先生（北海道医療大学教授）という流れになっていくわけですね。

3　JRSC会長としての時代を振り返る

小澤　JRSCが立ち上がって，今まさに30年でして，私の記憶に一番残っているのは，2011年に東京で開催された，ISR第20回大会とJRSC第17回大会と日本ロールシャッハ学会の年次大会の3つの学会大会を中村先生が大会長として束ねられたことです。東日本大震災直後の7月に東京で開催したというのが，なんといっても忘れられないです。中村先生だからできたことだと思うんですけれども。あのときも外国から100名を超える参加者が来てくださいました。先生はこの2011年の大会について振り返るといかがでしょうか？

中村　ありがとうございます。2011年の3月に東日本大震災があって，大会がその年の7月だったんですよね。あの4カ月は，本当に……私はストレスがかかると体にくるんですけれど……。国際原子力機関

（IAEA）が，福島の放射能漏出のレベルをチェルノブイリ[2]と同じレベル7に引き上げたっていうニュースを聞いたときに，体が2つにポキッと折れる感覚があったんです。そのときも，終始私を支えてくれる強い女性がいて。JRSCの学会設立のときは藤岡淳子さんでしたけれど，今度は津川律子先生が。「やりましょう」と，強く支えてくださって。小澤先生や皆さんが支えてくれたので，なんとかやりきれました。でも本来は海外から200名以上の参加者が来日するはずでしたが半分以上がキャンセルになりました。当時アメリカでは，日本で発表されていない大気汚染の状態について報道がされていたそうです。

小澤　　放射能についての話ですね？

中村　　そうです。だから，あのチェルノブイリレベルに上がったときには，アメリカの方々も次々に来ないことになって，ワークショップも欠番になったりして，あのときは野田先生が本当に昼夜徹して，キャンセルされた講演などのプログラムを編成し直してくださいました。

小澤　　野田先生がプログラム委員長でしたね。

中村　　そうです。大切なワークショップが抜ける中，来てくれる人材で，内容や体裁を崩さず，どのように保つのかっていう。本当に大変でしたが，大変だったからこそ，日本ロールシャッハ学会とJRSCが近づいたと思います。「なんとかしなくちゃ日本国内！」っていう感じで。結局海外には頼れないので，国内の方により多く足を運んでもらえるように方向転換をしたところ，確か延べ600人ぐらいの方々が参加してくださって。

小澤　　そうです，そうです。

中村　　経済的に破綻せず，あの状況で国際学会を開催して，ロールシャッハを学ぶ人たちが一堂に会する機会が作れたというのは，災い転じて……っていう感じかな。本当に結果がよかったので安心しまし

---

[2] チェルノブイリ：現在の「チョルノービリ」のこと。

ね。

小澤　私は当時，スタッフの一人として参加しておりましたけれど，中村先生が，「日本は包括システム，ロールシャッハ・テストの後進国ではなくて，先端を走っているのよ！」って繰り返しあの場でおっしゃっていたのが，すごく印象的でした。包括システムはアメリカ発祥だし，さらにアンドロニコフ先生がいて，フランスもすごく頑張っているから，日本はその後ろから付いていっているというイメージでしたが，中村先生に「そうじゃないのよ！」って，何度も何度も鼓舞していただいて。日本は決して後進国ではないんだなって意識が変わったのは，私も2011年の大会だったかなと思っています。

中村　よかったです。

小澤　小倉さんは，そのときはどんな感じで参加されていましたか。

小倉　当時，私は若手として参加していました。とにかく，開催されたことがすごいなって思っていました。そして，今日のお話もそうですけれど，やっぱり紀子先生をはじめとした先生方，先輩方の熱をすごく感じた記憶があります。少し話がズレますが，やっぱり自分の臨床とか，学び始めている若い子たちとか，この熱の差をどう自分が埋めていけばいいのかな……というのは，日々悩んでいるところです。エクスナー先生や紀子先生のパワー・熱と，「今日，ロールシャッハを初めてとります」という若手の子をどうつないでいくのか，どう学んでいくかってことでもあると思うんですけれど，難しさを感じています。

4　包括システムの学びと魅力——査定から治療へ

小澤　今，小倉さんからお話しいただいたので，現在の包括システムの状況や，魅力，学び方について少しお話を進めていきましょう。包括システムを学ぶにあたって，どうやって進めていけばいいのか，中村先生の解釈を聞くと，そのときはわかった気がするけれど，実際

に自分でやろうとするとなかなかうまくいかず，そのギャップに悩むというお話を皆さんよくされています。

　中村先生は最初の頃，エクスナー先生のもとで学ばれて，日本では常にトップランナーでおられた印象があるんですけれども，包括システムの学びをどう進めていけばよいのか，これから始めようと思っている方々に対して，何かアドバイスはありますか。

　ちなみに，私の経験を少しお話ししますと，やっぱり地道にやるしかないかな。あと，包括システムの学びを一人でやるのは大変なので，仲間が必要ですね。さきほどの学会の黎明期のお話にもありましたように，グループのみんなでワイワイやりながらっていうのが大事かなと思っています。そのあたりは中村先生，いかがでしょうか？

中村　そうですね。私も大学院生の方々に，限られた時間の中で包括システムを伝えるということをやっているんです。そうすると，なんて言うのかな……ロールシャッハって，すごく面倒くさいし，難しい。ロールシャッハについて，ネガティブな印象はあっても，ポジティブなものはない。ところが，講義が終わる頃に「さあ，今日で終わりですが，ロールシャッハについて聞いてみてどうでしたか？」と尋ねると，「いい臨床家になるためには，ロールシャッハを学ばないといけないと思った」「今後も学んでいきます」「思っていたのと随分違いました」というような感想が出るんです。なんかオセロで言うと，最終的に……。

小澤　白黒変わる？

中村　そうそう。パタパタパタっと変わっていくのが，その何回かの講義の間にも感じるし，最後にそう言ってもらうと，若い人の勘のよさを感じます。

　JRSCの学会や本書などをきっかけにロールシャッハやCPCS（本書「はじめに」を参照）に興味をもってもらえるといいですね。そして，今後ロールシャッハはどうなってくのかと考えています。ロー

ルシャッハって100年はもちましたけれど，次の100年経ったとき
はどうでしょう？　「ロールシャッハという手法を使っていたこと
があった」という記述はあるけれど，図版は売れず，使う人もいな
くて……という時代が絶対に来ないとは，言えない。今，本当にそ
ういう危惧があります。

小澤　過去の遺物になってしまうかもしれないということですね。

中村　そうです。文献の中では出てくるけれど，実際の臨床家はもう使わ
ない。そういうテストもすでにいろいろあると思うので。

小澤　ありますね，実際。

中村　そういう意味では，たとえば22〜23歳の若手が10人ぐらいいた場
合に，何人に「ああ，私がなりたい臨床家には，こういうアセスメ
ントの技術（ロールシャッハ）が必要だ」って思ってもらえるかが
重要ですね。「人が人をわかる」というのは本当に難しくて，主観
でもないけれど，全部客観でもなくて，ロールシャッハと客観的な
テストや認知的なテストとか，いろいろなことを用心深く組み合わ
せていくと，ロールシャッハのデータが示していることがわかるん
です。人は，聞きたいようにしか聞かない耳（脳）をもっていて，
要は聞きたいようにしか聞かないと，やっぱりちゃんと聞けていな
いんですよ。でも，ロールシャッハを使うと，目の前に動かない物
（図版）があるので，いつもここに戻ってこられるんです。クライ
エントが見たり言ったりしたことが，クライエントではない私に同
じように見えて，言ったとおりにわかっているかどうか，というの
をこの図版で確かめられるのは，ものす
ごくいい臨床トレーニングですよね。い
わゆる面接法では，聴くためのいろいろ
な技法を学びますが，ロールシャッハは，
テストをしてデータをつくって解釈する
だけじゃなく，2人の関係の中で，相手
の言っていることが，現実の何を基にし

小澤久美子先生

てどう見たのかを，どれだけ純粋に聞き取って，見取って，理解できるかっていう技術なんです。これができるようになると，実は面接をするよりもロールシャッハをやるほうが楽なんですよ。なぜなら，自分がよく知っている馴染みの図版を介しての話になるからです。通常の面接には図版がなくて，相手がもち込んでくるリアリティを，どうにかして聴き取ってわかろうとするけれど，簡単じゃない人もいますよね。

小澤　そうすると，ロールシャッハの図版を通じて相手のことを理解する。わからないときは図版に戻れる。図版がどう見えたかという，その答えを手がかりにできるところが通常の面接よりも，先生はずっと楽っておっしゃりたいんですね。

中村　そうですね。そこに動かない現実があるので。

小澤　なるほど。誰に対しても同じ図版ですからね。

中村　そうなんです。ひと昔前はロールシャッハを施行した人が面接やカウンセリングをしないのが常識でした。今の包括システムは，本当に相手を侵襲しない，しにくいやり方です。その人の目になって，一緒に図版という真新しい世界を体験させてもらって，データ化して，それについて解釈を一緒に話し合った私だからこそ，それをロードマップにして，結果からわかることをお互いの共通の理解と目的にして面接をして，カウンセリングをしていくっていうのは，一つの流れとして，すごくいいんですね。

小澤　テストと面接は別，という考えじゃなくなってきたわけですね。

中村　そうですね。なので，コードや解釈のことなど，いろいろなことは抜きにして，私がかつてエクスナーに心をわしづかみにされたように，若手の人にロールシャッハの魅力の欠片を"チラ見せ"するんです。若手で脈があって，この面倒くさいロールシャッハに取り組んでくれて，お金や時間をかけて鍛錬して，辛抱強く続けて，臨床に応用してくれる人が，若手の10～20人の中に何人いるかって探すことを今やらなくてはいけない。1人，2人ガシッと心をわしづ

かみするためには，「ロールシャッハは，臨床家のツールとして非常に上等な武器になりますよ」ということを，ケースを通して伝えなくてはならない。人が変わることに付き添うのが私の仕事ですから，テストやリテストも大学院生さんに見せたりするんです。放っておいちゃ変わらないし，時間をどれだけかけてもいい訳ではなくて，ある程度の時間の中で，その人の人生がよりよいものになってくように見立てて，見送っていくというこの仕事には，ロールシャッハをツールとして活用するのがいいと伝えると，若い勘のいい人は反応してくれると思うんです。教える側のそれぞれの先生が，それぞれのお立場で有用性のあるロールシャッハぶりをお示しにならないと，若手の皆さんもやろうという気がしないのだと思います。

小澤　なるほど。包括システム学ぼうとすると，つい，コードが，解釈の鍵変数が，指標が……という話になってしまうんですけれど。もっと人を理解することの本質をわしづかみにするような。

中村　詐欺師じゃいけませんけどね（笑）。

小澤　でも，中村先生の講座に出られて，心をわしづかみにされた人たち，ものすごく多いと思います。

中村　これは私が経験したことのリピートなんですよ。

小澤　エクスナー先生との体験の中での？

中村　そうです。だから，本当に親から子への伝達というか，たとえば，つくる料理が母から子へとか，なんとなく伝達するものってあるでしょ。私がエクスナー先生から，すばらしいことを教えてもらったなと思うことを，追いかけて伝えてきたみたいな感じですね。

小澤　包括システムの魅力をすごく語っていただいた感じがします。

中村　そのよい例が小倉先生ですよね。

小倉　私は，大学院生のときに中村先生に出会って，もうわしづかみにされちゃって。先生を追っかけて，先生の血を飲んで生きているような感じです（笑）。

小澤　じゃあ，"中村紀子推し"になっていたわけですね。

小倉　そうです。とにかく先生の講座に行って，本を読んで，お話しをして，SVを受けて。今度はそれを若手にどう伝えるか，ということを今考えています。中村先生はいつも仕事が楽しそうで，わくわくして仕方がないという感じでした。自分もそれを伝えていくしかないのかなと思って，若い人に伝えていくよう心がけています。でも，特にレポート指導となると，どうすればいいのか難しいと思っていたんですけれど。今日お話をうかがって，やっぱり姿勢とか，精神を引き継いでいくっていうことなんだな，と改めて感じました。

小澤　確かに私も，その人を見ている言葉ではなくて，本から切り貼りした言葉になっている報告書を見る機会が多いです。あれを見ていると「解釈って，うーん……」と，考えてしまいます。今のお話を聞いていて，改めて，「人が変わることに付き添える醍醐味」みたいなことをきちんと伝えていかなくてはと思いました。なぜアセスメントをしているのか，変化を見るための基礎や基準というか，ここから変わるっていう，そのためのレポートなんだっていうことをちゃんと伝えきれてなかったなと，お話を聞いて思いました。

5　包括システムと治療的アセスメントの相性

小澤　続いて，検査結果，包括システムの結果をどのように治療に生かしていくか，という部分で先生が普段お考えになっていることを，少し教えていただけますか？

中村　私が大学院に入った頃，心理職は"テスター"だったんですよ。私は大学病院で研修をしていたので，医師からオーダーが出て，それに応じてテストをとってくる。そして，医師が疑問に思っていることや，鑑別診断なり，なんなりにお答えするべく，鋭意努力する。そういう感じで学んでいるときに，先輩たちが「私は"テスター"で終わりたくない，私は"セラピスト"になりたい」っておっしゃっていたんです。「ああ，そうなんだ。"セラピスト"と"テスター"っ

て違うんだ」って思ったのがちょうどその頃でした。

　ところが，中村心理療法研究室を開業すると，中村と私の2人でしたから，私がロールシャッハ・テストをとって，結果が出ても，誰かにレポートを書くまでもなく，クライエント本人に確認してみる，ということから始まって，自分がテスターであり，セラピストであるということが，自分の中でギューッと近くなったんですね。そのうち，だんだんテスターという言葉が使われなくなってきましたね。みるみる死語に近くなっていったように思います。

小倉　　確かに馴染みが薄いですね。

小澤　　私も。中村先生は臨床家で，心理検査の結果を当事者のために使われているお姿しか見ていないので。

中村　　そうですよね。"テスター"という言葉がどんどん減って，次に"アセスメント"という言葉が出てきました。それがまた素敵な言葉だったんですよ。「アセスメントする」って，"テスト"とどう違うのかというと，これは私の中のイメージなのですが，その人のよいところと困るところを総合的に評価するという感じがします。

小澤　　テスターは，部分的な関与をする感じですね？

中村　そう。テスターは，医師の診断の補助役みたいな感じ。自分が臨床をやり始めたのもそうですし，時代がテストじゃなくてアセスメントと言い始めて，自分がやっていることもアセスメントと思って。その人の健康な部分や使える部分と，そうじゃない部分を総合的に評価するのがアセスメントなので，これはいいと思いました。

　　　だから，「アセスメントをします。そして，トリートメントをします」ということが，私の中で本当にひとつながりになって。エクスナーがしみじみ教えてくださったように，ロールシャッハからわかるのは，「何の病気で，どこの具合が悪くて」っていうよりは，「その人個人なんだ」っていう。よくもこう飽きずにロールシャッハをやっているなって思う理由が一つあるとすると，人は一人ずつ違うから。だから飽きずにロールシャッハをみることができて，そういう個人が見えてくる。ロールシャッハって，本当にトリートメントに役立つんですよ。「あなたは，ほかの人とここが違って，良い悪いじゃなくて，それを使って生きていくしかないわけだから」っていう。

小澤　その人の機能みたいな？

中村　そうそう。そこに何か不適応みたいなものがくっついていれば，いつからこういう不適応がくっついてきているのか。それは，このままぶら下げておけるものなのか。どこかでなんとかすれば，なくなるものなのか。あるいは，本来は両親がもたなきゃいけない不適応をあなたが引き受けているのか，とか。「なぜなんだろう？」という，その不適応話を，データを基にクライエントさんとできるわけですよ。クライエントさんや患者さんって，頭の天辺から足の爪先まで病気じゃないですよね。なので，「ここはうまくないよね。でも，ここはうまくいってるよね」とか「右手が駄目なら，じゃあ左手でなんとかできるように今から訓練するのか，それとも右手に何か仕掛けをして，今のまま右手でいくのか，どちらにしますか？」みたいな。私はこんな感じでデータを見ながら，その人が自分とのつながりを失ったり，負担に感じていたりすることについて客観的に見

えるデータを使ってフィードバックをしています。

　私はよくメタファーを使うんですけれど，これがうまくいくと，「そういうことが自分に起こっているんだな」ってわかって，「じゃあ，あなたがぶら下げてるその居心地の悪さは，どういうときによりひどくて，どういうときに軽いのか？」とか，一緒に話せる題材ができるわけですよね。そういう話し合いをしていること自体が，もう治療的で。

　これは，スティーブン・E・フィン先生が教えてくれる治療的アセスメントを学ぶようになってから，どんどん自由にできるようになってきた感じがあります。エクスナーに教えをいただき，ロールシャッハが使えるようになったっていうのも，すごく大事ですが，私がやっていることって，フィン先生がやっていることと似ているんですよ。ただ，私は概念化ができなくて，彼のほうが，やっぱり概念化や組織化がお上手で，どうするとアセスメント結果を通じて本人が自分を理解できるようになるかがスマートに形式化されています。

小澤　概念化というのは？

中村　概念化ができると，自分のやっていることが客観的にわかって，クライエントさんにも伝えやすくなります。自分の不足しているところを，データの理解からクライエント自ら「ああ，こうすればいいんだ」って，自分で補ってくれるんですよね。

小澤　先生の域に達しておられても，まだまだ学んでおられるんですね。

中村　いやいや（笑）。私がやるようなことは，皆さんもやるようになっているでしょう？　私は臨床が好きなんでしょうね。「私がもっと役に立つ方法があるとすれば，どういうところだろう」ということを，常にアメーバのように広げているのかもしれません。

小澤　検査結果をどう使うかのお話を聞いていて思ったのは，先生はいつもいろいろなたとえを使われていますよね。「右手でいくか，左手でいくか」のお話も，「右手が駄目なら左手を使えばいい」とい

うのもあるし，「右手が駄目でも，た
とえば絆創膏を貼ればいけるかもね」
とか，そういうイメージですよね？

中村　そうですね。

小澤　あと，フィン先生との出会いと，治
療的アセスメントについても少しお
話しいただいて，先生は，今また新
しい分野を学んでおられるんだなっ
て。私たちは，先生のいろいろな活動やお話を聞くたびにいつも刺
激を受けていますが，特に小倉先生はそのあたり一緒に学ばれてい
る中で，どんなふうに受け止めておられますか？

小倉　紀子先生のそばで学ばせていただいて先生を見ていて思うのは，先
ほどもお話しされていましたが，先生は本当に自由にされていて
（笑）。好きで楽しくて，それが人の役に立って，クライエントさん
と一緒によい方に行けるっていう，こんな仕事に出会えてよかった
な，先生を追いかけてきてよかったな，って思いますね。

小澤　中村先生は，治療的アセスメントと出会われて，今新たに日本にま
た定着させようというか，先生自身もまだ学ばれているとおっしゃっ
ていますよね。私も包括システムの結果をクライエントと共有して
いくためには，治療的アセスメントという考え方が，大事だと感じ
ていますけれども。先生がこれから治療的アセスメントを日本でど
う展開していきたいかなどのお考えがあれば，少し教えてください。

中村　若い人たちがロールシャッハから得られた所見を聞いて，「人の心っ
て，こんな仕組みになっているんだ」って理解してくれるだけでも，
十分だと思います。でも，その中の1人〜2人にとって，何か自分
の生涯を賭けたテーマになっていくといいな，という希望はありま
す。治療的アセスメントも同様で，実はこれがすごく難しいんです。
治療的アセスメントには，人と人の真剣勝負みたいな，身を削るよ
うなところがあるんです。"木刀"で「えいやー！」っていうんじゃ

なくて，“真剣（本当の刀）”で向き合うっていうか，ちょっと危なっかしいけれど，やり切れると思うからやるんであって，そうじゃなかったらうまくいかない。やっぱり半端じゃできない。だから全員が治療的アセスメントをものにするという訳ではなくても，「協働的アセスメントという方法で，治療的アセスメントのいいところを今の皆さんの臨床に応用・活用してください」っていう。そういう意味では適用範囲が広いと思うんですね。

　エクスナー先生が教科書の中で，「ロールシャッハだけじゃなくて，知能検査やMMPIもやるといいよ。この3つは非常に標準化された科学的なテストだから，この3つのデータを使ったらいいよ」と書いているんですけれど，フィン先生はそれだけじゃない。それらはもちろんだけれど，「本当にこの人をわかるために，私は一体何をしたらいいんだろうか？」っていう部分がすごい。彼は，文献を読むのもすごく早いし，いろいろなテストや概念をどんどん自分のものにしているので，フィン先生のほうが私以上にアメーバ人ですね（笑）。

　つまり，治療的アセスメントの魅力は，「あなたはこういう個人ですよ」ということが客観的に見える画素数の高い，よいピクチャーみたいなんですよ。私が40年前にとったロールシャッハの2つの結果が同じだったのは，画素が悪くてぼんやりしすぎていて，何やらよくわからなかったんです。だから，しょっちゅう「○○が窺えます」って書いていたの。「窺う」っていう漢字を書いてばかり（笑）。でも，一番愕然とするのは，今でもどこかから来るレポートを見ると，40年前の私と同じなの。あちこち「窺って」いるの。

　治療的アセスメントは，画素の解析度合いがすごくいい。それが治療的アセスメントのすごさですね。フィン先生は，「治療的アセスメントは，心理検査に語らせるんだよ」と言っていて，心理検査を含むアセスメントがメインのセラピーなんです。そこでの解析度合いがいいから，通常なら1〜2年かけるようなセッションでわかっ

てくることが，うまくいけば，短期間でつくり上げたデータの中で見えてきます。それについてどう話し合うのか，誰と話し合うのか，どう使うのかというトレーニングをするんです。

　私は，治療的アセスメントの発展と，包括システムによるロールシャッハの未来はつながっていて，100年後までロールシャッハが生き残る可能性は，この両者のつながりの延長線上にあるのかなと今は思っています。

6　CS-R——包括システムの改訂に向けて

小澤　それでは，少し今後の話に移っていこうかなと思います。やはり最近の包括システムのトピックスは，CS-R（包括システム改訂版）の登場ということになると思うんですけれど，CS-Rについて，少し中村先生から解説していただいてよろしいでしょうか。

中村　はい。詳しい内容については，2023年5月にチーフをしているアンドロニコフ先生がJRSCの国際研修会で解説してくださったので，聞かれた方もおられると思うのですが……。ことの発端は，イタリア，イスラエル，アメリカ，フランス，日本，ベルギー，デンマークの7カ国が集まって，1つのプロトコルをみんなで一斉にコーディングしたんです。それをアンドロニコフ先生がエクセルにまとめてみたところ，一致するところとしないところがあったんです。みんなそれぞれの国で教えている先生なのに，結構コードが違うんですよ。エクスナー先生が作った同じ教科書を使って学んでいるのに，なぜ違うんだろうという議論をしたら，理由があったんですね。

　一つは，エクスナー先生が残した教科書の定義がちょっと甘かったり，定義がいかようにも解釈できたりしたために，それをどう解釈したかによって違いが出ていたことです。これが主な原因でしょうか。もう一つは，やっぱり不備がないとは言えないんですよね。エクスナー先生が2006年に亡くなって以降，そのまま包括システ

ムの研究が中断していましたけれど，幸いにも現在ロールシャッハ
ワークショップの運営にあたっているアンドレア・プリッディさん
（エクスナー先生のご令嬢）とも連携が取れて，今までのものを踏
襲しながら，その不確実なところの穴を埋め，さらに研究や調整が
必要なところをこれからやっていこうということになったんです。
これがCS-Rの流れですね。

　だから，「今回CS-Rになりました。これで終わりです」ではなく，
各国で起こる可能性のあるノイズみたいなものをできるだけ修正し
て，改めて包括システムの共通言語をどうしていけばいいのかを考
えていく。今そういう時期に差し掛かっていて，ステップを踏み始
めたところです。

小澤　確かに1970年から80年にかけて，エクスナー先生の教科書が整備
されたということを考えると，もう40年以上が過ぎているわけで
すからね。半世紀近くも経てば，時代的な背景，価値観がずれてい
くとか，確かにそういうことはありますね。さらにエクスナー先生
の場合は，アメリカのデータでしたけれど，今回は世界的な広がり
になっているところが大きく違いますね。

中村　その通りです。今度はフランスのパトリック・フォンタン先生が
中心になられて。このCS-Rに取り組む団体は，International Ror-
schach Institute（IRI）といって，邦訳すると，国際ロールシャッ
ハ研究所みたいな意味です。ちなみに日本の窓口は私になっていま
すが，日本人のノーマルデータは津川律子先生と渕上康幸先生と一
緒に収集したもので，データプールで使われています。日本人はき
ちんとデータをとってくるという，エクスナーが見込んでくれたそ
の特性って，本当にあると思うのです。日本にもリサーチベースで
協力してくれる人たち，研究者たちがどんどん出てきてほしいと思っ
ています。

小澤　なるほど。CS-Rの世界的なデータをつくろうとしたときに，先進
国である日本のデータも必要だということですね。そして中村先生

が日本の窓口を務められているので，ぜひ一緒にデータを集めてくれる人を，特に若い世代の人たちにどんどん来てほしいと。

中村　そういう意味では，JRSCはその母体としてすごくありがたいですね。CS-Rって，どこかから「でき上がってきたもの」を，私たちは翻訳すればいいって思っていらっしゃる方のほうが多いのではないでしょうか？　そうではなくて，CS-Rが成功して発展していくためには，日本からのリサーチデータや日本からのコミットメントが必要なんです。そういう意味では「誰かがやる」のではなくて，このCS-Rをよりよいツールにしていくのは皆さんなのです。せっかくエクスナー先生が土俵をつくってくれたけれど，これが地崩れして角砂糖のように時間と共に溶けてなくならないようにするために，ここを基盤に確かなものにしていくための努力・エネルギーは私たちにかかっていると言っても過言ではないんです。

小澤　ISRの会員に占める日本人の割合がすごく突出していると中村先生にお聞きしたことがありますが，そうであれば，日本人のデータをもっと提供して協力していくことが，CS-Rをみんなで作っていくことになるのですね。

中村　そうです。誰かが作るんじゃなくて，皆さんが作るのです。だから私は，その橋渡しをして，橋が壊れないように見届けていきます。もちろんできるだけのメンテナンスはしていきたいと思いますけれど。

7　包括システムによるロールシャッハの未来
——世界への発信

小澤　ここからは，包括システムのまさに未来のお話をしていきたいと思います。先ほどのお話でも出てきていましたけれども，CS-Rの位置づけも含め，包括システムによるロールシャッハを後世に伝えていくために，私たちができることとして，CPCSの取得やCS-Rに日本の皆さんが協力していくということ。それが，まさに包括シス

テムによるロールシャッハ・テストが後世に伝わっていく一つの方策ですね。そのほかに私たち一人ひとりができることはありますでしょうか？　また，先生が私たちに期待されていらっしゃることがあれば，教えていただけますか。

中村　ありがとうございます。昔も今もずっと同じだなと思うことが一つあるんです。いつ言われたのか，もう記憶が定かではないのですが，ISR大会に行ったときに，ヨーロッパの方に「えー！　日本でもロールシャッハやっているんですね」って言われたんですよ。そのとき，私は横面を「バン！」っていきなり叩かれた感覚でした。「日本でもロールシャッハやっているの？」なんて，すごく失礼だと思ったけれど，しょうがないなとも思って。

小澤　世界に発信してこなかったということですか。

中村　そうです。他にも似たようなことがあって。私の前にISRの会長を務めたブルース・スミスが「今，文献検索のシステムをつくっているんだけれど，日本はロールシャッハで研究をしていないんだね。研究論文が一本も引っかからないよ」って声をかけてきたのです。「先生はどうやって検索されたんですか？」なんて聞かれて。確かに検索してもヒットしないんですよ。

小澤　英文になってないから？

中村　そう。だから，「くそー」って思う反面，「いやーそうだよな」って。これは事実なんです。だから空井健三先生が亡くなる前に国際大会で，1930年頃には日本でロールシャッハが紹介され始めたこと，日本のロールシャッハの歴史は長いことを発表されて，それが文献として残って，「日本ってすごいんだ」っていうのが，ようやく知られました。ちゃんと英文論文で残すことが大事だと学びました。

　　　日本ってやっぱりインファイターの先生方が多いですよね。「日本の中だけでよければいい」とか，「日本国内だけしか見てない」とか。そうではなくて，IRIもそうですし，これから包括システムが発展していくために必要なパワーの重要な割合を占めるのは日本

ですから，実際に日本が動かないといけないんです。それをもっと実感してほしいし，発表もしてほしいですね。ケースを出す臨床家なら，ケースについて自分の中からインパクトあるメッセージとして何が言えるのか，とかを考えなくてはならない。

　国際的には，トラウマとロールシャッハはつながっていますし，司法も結構ロールシャッハとつながっている。人が人を見立てるというのは大変だから，特に司法の人たちの中では，ロールシャッハがビビッドに生きている。治療的アセスメントもそうですけれど。なので，そういう知見をもっと皆さんに出してほしいですね。自分の部署だけで，自分のケースの中だけでいいって思うと，それはそれで済みますが，もしちょっとでも未来に貢献しようと思うのであれば，インファイターにならないでほしい。どうやって発表したらいいのか悩むかもしれませんが，CSIRA[3] に出てみたり，ISRの大会に出てみたりしてみてほしい。「国際」って聞いた途端に「もう自分と関係ない」とか，「英語」って聞いた途端に「誰かが行くんでしょう。私は行かない」という状態では，本当に遅れをとってしまいます。

小澤　鎖国状態のような？

中村　そうです。それでいいんだと思ってしまっている意識が，どこかで変わらないと。「未来はどうでしょう？」「誰かが未来をなんとかするだろう」では，ちょっと残念すぎる。

小澤　今，先生にトラウマの話題とか，司法でのアセスメントとか，治療的アセスメントなどいろいろなキーワードを挙げていただきましたけれども，そういう話題って，臨床をやっている皆さんには何かしら引っかかってきますよね。それをもっと世界に発信して，日本はこんなに優れたこと，素晴らしいことをしているんだっていうこと

---

[3] CSIRA：包括システムによる国際ロールシャッハ学会（Comprehensive System International Rorschach Association）の略称。ISRの国際大会がない年に大会を開催している。

を，自信をもって発信してほしいっていうことですね。

中村　そうなんです。自信っていうのは，やった後についてくるものですから。

小澤　それを聞いて小倉さん，いかがでしょう？

小倉　愛のムチとして，目が覚める思いです。

小澤　私も中村先生に出会って30年が経ちますが，今回お話をうかがってみて，今まで知らなかったことをたくさん教えていただけました。今さらですが，ますます中村先生の下で一緒に学んでいきたいと感じました。

中村　私は架け橋となりますから（笑）。

小澤　ついて行こうと思いました（笑）。先生，最後に包括システムを学んでいる皆さんへのメッセージをお願いします。

中村　そうですね。ロールシャッハの面白さ・包括システムの面白さって，特に「個人」がわかってくるところなので，レポートの書き方なり，フィードバックの難しさはあると思います。でも，その個人ってどういう人なんだろう，と考えるのが私たちの仕事ですよね。さっきも少しお話ししましたけれど，レポートが納得いかないものになる可能性があるとすると，教科書に書かれている一般論（誰にでも当てはまる基本的な理解）をわかった上で，それをこの個人に当てはめるとどういうことなんだろうっていう，あと半歩考えなければその個人を理解するということの意味を成さないのに，そこが超えられないっていうか，扉が開かないという感じがすごくすると思うんです。もう5年も10年も包括システムを臨床で使っているなら，コードが1つ，2つ違っていてもよくて，わかったことを，その個人を理解することにつなげていく努力をしていただくと，本当に多くの方がベテランになっていかれるんじゃないかと思います。ロールシャッハは，個人というものをわかるためのツールなんだということです。それが，私がロールシャッハにますます磨きをかけたいと思うモチベーションです。

　そして，こういう努力をしているのは何のためかというと，これはエクスナー先生からの受け売りなんですけれど，こういう臨床家の活動がクライエントの"福利"（welfare）にかなうんです。私のやっていることが「クライエントの福利にかなうのか？」という視点で考えたとき，福利にかなわないようなレポートや発信には，「悪」があっても「善」はないわけです。手元のデータをどのように目の前のクライエントの福利にかなうようにするのか，というところがポイントですね。

　この素敵な"福利"という言葉が，やっぱり脳裏からは離れないかな。たとえ難しい結果でも，この人の福利にかなうように伝えるには，どういう言葉で，どういう順番で，誰に何を伝えておかなくてはいけないのか，ということを考えざるを得ないのです。日常的にはあまり意識していなかったのですが，福利にかなうようなロールシャッハにするためには，まだまだ包括システム自身は完璧では

ないので，CS-Rを皆さんと一緒にブラッシュアップしていきたいですね。

［2023年1月21日収録］

おわりに

　来年，包括システムによる日本ロールシャッハ学会（Japan Rorschach Society for the Comprehensive System：JRSC）は，設立30周年を迎える。20周年を記念して刊行された『包括システムによる日本ロールシャッハ学会20年史』の中でも言及したが，包括システムが広がるとともに，皮肉なことに我流あるいは亜型の施行法やコーディングをしている方を見かけるようになった。正しい施行法やコーディングができているかどうかを確認したいと考える会員のために，サポート体制を整える必要がある。

　こうした問題意識を背景に，JRSCが認定する施行法やコーディングを議論するワーキンググループを立ち上げ，以後，常任理事会や理事会が開催される日の数時間前に，ワーキンググループ（後の認定資格委員会）が開催されることが慣例となった。当時は，公認心理師法が成立する直前で，心の専門家のための資格がさまざまな角度から議論されていた時期と重なる。学会認定資格の創設が企画され，認定資格制度の三層構造（レベル1：基礎，レベル2：中級，レベル3：指導者）を軸に，「包括システムによるロールシャッハ・テスト認定資格に関する規程」や申請書の様式を作り，JRSCの理事会や総会の承認を得た。また，レベル1の認定資格に関連する講習会を内容別にA，B，C，Dの4単位制とし，単位ごとに標準的な講義用パワーポイントを作成したほか，コーディングの理解度を確認するための試験の作問を行った。時間と労力を惜しまないメンバーの献身的な努力の賜物であるが，たとえば，レベル2の認定資格に関連する試験問題の作成過程では，架空事例に対するメンバー間の見立てが，高い水準で一致するのを目の当たりにして，大いに知的興奮を味わい，得難い時間を共有する場でもあった。

　本書の執筆陣は，こうしたワーキンググループや認定資格委員会のメン

バーを中心に構成されている。また，認定資格レベル1の有資格者は，本書執筆時点で100名を超えており，レベル2の有資格者の中から，認定資格の講師を新たに依頼する取り組みも開始され，次世代へのバトンタッチも順調に進行しつつある。本書では，新たに心理臨床の世界に入る読者を念頭に，JRSCの黎明期から包括システムの未来まで，中村紀子顧問に語っていただくとともに，今後，中核的なメンバーになっていくと思われる方々にもご寄稿いただいた。ロールシャッハ・テストは，丁寧に施行すれば，とても強力なツールになりうる反面，中途半端に誤用されると，信用を失墜することにもなりかねないため，予断を排し，一度は腰を据えて学習に励んでいただきたい。本書がその一助となれば幸いである。

　JRSC設立10周年の翌年，金剛出版から『ロールシャッハとエクスナー——ロールシャッハ・テストの起源と発展』(2005)が刊行されたが，今回，再び同社のご協力を得ることができた。本書の出版に当たり，ご理解，ご尽力をいただきました株式会社金剛出版代表取締役 立石正信氏，藤井裕二氏，特に浦和由希氏には，誠実できめ細やかな編集作業をしていただいた。大変お世話になりました。ここに厚く御礼申し上げます。

　2023年11月

渕上康幸

索　引

※「はじめに」,「第3章の試験問題・正解」,「第4章のスコアの継列・構造一覧表・特殊指標の布置」,「第5章の試験問題・正解・スコアの継列・構造一覧表・特殊指標の布置」,「第6章」,「おわりに」は除く。

人名索引

エクスナー（Exner, J.E.）... 4, 6, 15, 16, 18, 26, 46, 48, 52, 56, 105, 107, 111, 115
中村紀子 5, 7, 8, 10, 14, 30, 47, 83
津川律子 11, 46, 105, 111

事項索引

a 43
Adj es 72, 107, 109
Afr 72, 103
AG 71, 109
ALOG 78, 106
Art 70, 77, 79

C（PureC）.............................. 21, 30, 108, 109
C' 21
CDI 6, 7, 51, 54, 56, 70, 72, 77, 106, 107
C'F 21, 42, 43, 46
CF 21, 47, 109
Cg 46
COP 44, 52, 78, 106, 109

CP 71

D 18, 48
Dd 18, 25, 29, 44, 45, 48
DEPI 51, 52, 70, 107
DQ 36
DQ+ 56, 78
DQv 79, 109
DR 42, 47, 80
DV 41, 42

EA 6, 7, 72, 108
eb 6, 52, 71, 72
EB 6, 7, 70-72, 79
es 6

F 26, 29, 30, 43, 47
FABCOM（FAB）...................................... 42, 80
FC 21, 42, 47
FC' 21, 22, 26, 42, 47, 51
FC:CF+C 109
FD 21, 109
Fd（Food）.............................. 77, 109
FM 42, 44, 52, 72, 73, 75, 78, 79
FQ 36
Fr+rF 51
FT 21, 45
FV 21, 45
FY 21, 24, 45, 51, 77

GHR 108
GHR:PHR 78

H（PureH）.............................. 73, 77, 108, 109
H:(H)+Hd+(Hd) 109
(H) 41, 77
Hd 46, 77
(Hd) 77

Id 46
INCOM（INC）...................................... 41

L（ラムダ）.................................. 59, 72, 79, 108
Ls 46

M 7, 42-44, 58, 73, 74, 78, 108, 109
M- 52, 80
Ma:Mp 79
m 42, 44, 71-73, 75, 79, 108
MOR 47, 73, 74, 77, 79, 109

P 22, 24-26, 46, 47, 79, 108
PER 78
PHR 108
PTI 51

S 29, 71
S-Costellation（S-Con）.................... 52, 70, 105
Sum6 80
SumC' 72
SumT 72
SumV 51, 52, 71-73
SumY 72

T 21, 45, 77

V 21, 45, 46, 109
VF 21, 45, 46, 71, 79

W 18, 25, 28, 29, 45-47, 56, 108, 109
W:D:Dd 78
W:M 78, 109
WDA% 79

WSum6 80
WSumC 7

Y 21, 45, 71, 108, 109

Zd 11, 52, 78, 109
Zf 11, 78, 108, 109

あ

運動反応（Movement Determinants）..... 31, 37

か

解釈戦略 6, 72, 105, 109
鍵変数 6, 52, 54, 56, 70, 71, 77, 105-107
　　Adj D<0 56
　　CDI > 3 .... 54, 56, 106
　　DEPI > 5 .... 54, 70, 72, 106
　　DEPI > 5かつCDI > 3 .... 54, 106
　　D<Adj D 52, 54, 70, 107
　　Fr+rF>0 56
　　HVI陽性 56, 58, 59, 77
　　L > 0.99 .... 56, 107
　　p > a+1 .... 56, 70, 77
　　PTI > 3 .... 54, 106
　　体験型外拡型 56
　　体験型内向型 56, 70
鍵変数とクラスター分析の順序 55

キーワード 11, 21-25, 31
教示 17, 20

空白反応（S）.. 29, 71
クラスター ... 52-54, 56, 58, 59, 70-73, 78, 105,
　　106, 108, 115
　　感情 53, 59, 70-72, 74, 78-81, 105, 106,
　　　109, 113
　　思考 53, 55, 70-72, 79, 80, 105, 106, 113
　　自己知覚 7, 54, 70, 73, 106
　　状況関連ストレス 52, 53, 71, 72, 106
　　情報処理過程 70, 78, 106
　　対人知覚 7, 54, 70, 77, 78, 106

統制／統制力 ... 53, 70, 72, 80, 105, 106, 109
媒介過程／認知的媒介 ... 53, 70, 79, 105, 106
クラスター内のステップ 57
クラスター分析 6

警戒心過剰指標（HVI）........................ 7, 11, 77
形態水準（FQ+, FQo, FQu, FQ-）.... 36, 44, 48, 58
形態展望反応（FD）............................... 21, 109
形態反応（F）.. 43
決定因子 ... 15, 21, 22, 26, 29, 30, 36, 42-47, 71

コーディング ... iv, 6, 14, 23, 35, 36, 51, 73, 77, 83, 85
コード 6, 15, 16, 22-27, 30, 31, 33, 35, 36, 41-48, 51
固執（PSV）.. 36
個人的反応（PER）... 78
孤立指標（Isolate Index）............................. 78

さ
材質反応（FT, TF, T）................... 21, 45, 46, 77

支援計画 18, 37, 83, 85, 106-108, 110-112
色彩投映（CP）.. 71
色彩反応（FC, CF, C, Cn）...... 7, 8, 21, 30, 109
自己中心性指標（3r+（2）/R）.... 7, 58, 72, 73, 109
自殺の可能性（S-Constellation）.... 18, 70, 105, 107
質問段階 5, 15, 16, 20, 21, 23, 24, 29-31, 44, 45
　質問過多 22, 25
　質問不足 24
食物反応（Fd）............................... 7, 77, 109

スコアの継列 36
スコアリング 36
ストレス耐性 53, 105, 107

組織化活動（Z スコア）.............. 36, 43, 47, 48

た
体験型（EB）........................ 6, 7, 56, 70-72, 79
対処スタイル（コーピンクスタイル）........ 111
　外拡型 7, 56
　回避型 7
　つぶれ型 7, 8
　内向型 7, 56, 70, 71, 79
　不定型 7
対処力不全指標（CDI）...... 6, 7, 51, 54, 56, 70, 72, 77, 106, 107

知覚と思考の指標（PTI）...................... 51, 106
知性化指標（2AB+Art+Ay）......................... 71
治療的アセスメント 33

動物運動反応（FM）........ 42-44, 52, 72, 73, 75, 78, 79
特殊スコア 36, 41, 44, 47, 73
　レベル 1 41
　レベル 2 41
特殊部分反応（Dd）........ 18, 25, 29, 44, 45, 48

な
人間運動反応（M）................................. 7, 8, 43
人間表象反応
　貧質（PHR）... 7, 108
　良質（GHR）... 108

濃淡拡散反応（FY, YF, Y）... 21, 24, 45, 46, 51, 71, 77, 79, 108, 109
濃淡立体反応（FV, VF, V）......... 21, 45, 46, 71, 79, 109

は
ハイラムダ（ハイラムダスタイル）.......... 7, 58, 107-109
発達水準（DQ+, DQo, DQv/+, DQv）......... 36, 43-47, 56, 78, 79, 109
反射反応（Fr, rF）... 7
反応拒否 4, 5, 18

反応数（R）... 11, 19, 71
　反応数が13以下 4, 18
反応段階 ... 15-17, 19, 22, 23, 27, 28, 31, 36, 41
反応内容（Content）.............. 15, 36, 41, 44, 46

フィードバック 3, 5, 9-14, 33, 50, 83
部分反応（D）...................................... 18, 28, 48
ブレンド反応 37
プロトコル 18, 35, 36, 44, 70, 71, 77, 105

ペア反応（2）.................. 21, 27, 28, 36, 43, 45
平凡反応（P）........................ 26, 36, 46, 47, 79

ま

マイナス反応 73, 74, 79, 109

無彩色反応（FC', C'F, C'）........ 21, 22, 26, 42,
　43, 46, 47, 51
無生物運動反応（m）...... 42, 44, 71-73, 75, 79,
　108

や

抑うつ指標（DEPI）......... 51, 52, 70, 106, 107,
　113

ら

ラムダ（L）.................................. 59, 72, 79, 108

領域（Location）........ 15, 18, 25, 26, 28-30, 36,
　44-48, 57, 108

ロケーションシート 16, 29

執筆者一覧（登場順）

津川律子（つがわ りつこ）
[はじめに，責任編集者]
日本大学文理学部心理学科

渡邉 悟（わたなべ さとる）
[第1章，副責任編集者]
徳島文理大学人間生活学部心理学科

村松朋子（むらまつ ともこ）
[第1章]
花園大学社会福祉学部臨床心理学科

渕上康幸（ふちがみ やすゆき）
[第2，第3，第5章，おわりに]
京都少年鑑別所

野田昌道（のだ まさみち）
[第4章]
北海道医療大学心理科学部臨床心理学科

小澤久美子（こざわ くみこ）
[第6章]
仙台家庭裁判所

中村紀子（なかむら のりこ）
[第6章]
中村心理療法研究室

小倉菜穂子（おぐら なおこ）
[第6章]
八王子メンタルクリニック

梨田春樹（なしだ はるき）
[コラム❶]
福岡家庭裁判所

服部広正（はっとり ひろまさ）
[コラム❷]
高松少年鑑別所

五十川早苗（いそかわ さなえ）
[コラム❸]
公益財団法人 松原病院

野村邦子（のむら くにこ）
[コラム❹]
聖母病院

編集協力（アルファベット順）

兼城賢志（かねしろ けんじ）
大正大学臨床心理学部臨床心理学科

馬淵聖二（まぶち せいじ）
千歳烏山心理相談室

斉藤美香（さいとう みか）
札幌学院大学心理学部臨床心理学科

ロールシャッハ実践ガイド
心理アセスメントの力を伸ばす

2023年11月20日　印刷
2023年11月30日　発行

監修───包括システムによる日本ロールシャッハ学会
編────包括システムによる日本ロールシャッハ学会認定資格委員会

発行者──立石正信
発行所──株式会社 金剛出版
　　　　　〒112-0005 東京都文京区水道1-5-16　電話 03-3815-6661　振替 00120-6-34848

装丁◉岩瀬 聡　　組版◉石倉康次　　印刷・製本◉太平印刷社

ISBN978-4-7724-2009-9 C3011　　©2023 Printed in Japan

改訂増補

精神科臨床における
心理アセスメント入門

［著］＝津川律子

四六判　並製　292頁　定価3,080円

クライエントとセラピストの間に築かれる立体的な心理アセスメントを
「6つの視点から」論じた,
心理アセスメントの必携書。

面接技術としての
心理アセスメント
臨床実践の根幹として

［著］＝津川律子

A5判　上製　184頁　定価3,300円

心理アセスメントを学ぶコツ!　臨床実践にどう活かすか?
臨床実践の根幹として,
「仮説と修正」のプロセスを丹念に追う。

スコアリング・ロールシャッハ
7つの尺度

［著］＝ロバート・F・ボーンスタイン　ジョセフ・M・マスリング
［監訳］＝溝口純二　北原裕一

A5判　並製　360頁　定価4,950円

包括システム以外の7つのロールシャッハ・スコアリング法と
解釈に焦点を当て,
ロールシャッハの研究と実践の更なる発展を目指す。

価格は10%税込です。

臨床現場で活かす！
よくわかるMMPIハンドブック
［基礎編］

［監修］＝日本臨床MMPI研究会
［編］＝野呂浩史　荒川和歌子　井手正吾

A5判　並製　184頁　定価3,740円

クライエントのパーソナリティを高解像度で解き明かす
MMPI（ミネソタ多面人格目録）の基礎・施行法・臨床応用をわかりやす
く解説した実践ガイド。

臨床現場で活かす！
よくわかるMMPIハンドブック
［臨床編］

［編集］＝野呂浩史　荒川和歌子
［監修］＝日本臨床MMPI研究会

A5判　並製　264頁　定価4,180円

クライエントのパーソナリティを高解像度で解き明かす
MMPIの臨床応用を「症例検討会」「症例呈示編」という
2つの角度で検証する。

クリシ・ワルテッグ・システム（CWS）
実施・スコアリング・解釈のためのマニュアル

［著］＝アレッサンドロ・クリシ　ジェイコブ・A・パーム
［訳］＝村上 貢

B5判　上製　480頁　定価11,000円

①描画段階，②描画ギャラリー，③描画選択の3ステップで
刺激図形に加筆する，
パーソナリティ検査「ワルテッグ・テスト」の改訂実践マニュアル。

価格は10％税込です。

協働的／治療的
アセスメント・ケースブック

[編著]＝スティーブン・フィン　コンスタンス・フィッシャー
レオナード・ハンドラー
[監訳]＝野田昌道　中村紀子

A5判　上製　352頁　定価4,950円

成人から子ども・思春期・若者のアセスメントまで，
クライアントが"人生の主人公"になる
「協働的／治療的アセスメント」を解説。

ロールシャッハ・テスト講義 I
基礎篇

[著]＝中村紀子

A5判　上製　300頁　定価4,620円

コーディングの一工夫，施行のチェックポイントなど，
ベテランが知るテクニックを語った
「初心者対象・ゼロからのロールシャッハ入門」。

ロールシャッハ・テスト講義 II
解釈篇

[著]＝中村紀子

A5判　上製　320頁　定価4,620円

『ロールシャッハ・テスト講義 I』に次ぐ第2弾。
クラスター解釈によってデータを精査して，
受検者の回復に役立つアセスメントスキルを解説する。

価格は10％税込です。